ULLSTEIN

DAS BUCH

»Wer Verstand hat, der hat Stärke ...« – eine Erkenntnis, die stellvertretend für den Ruf des Hasen steht. Meister Langohr muß seine körperliche Unterlegenheit durch List und Phantasie, durch Wendigkeit und Charme kompensieren. Nicht selten verdankt er sein Leben inmitten wilder Tiere seinem Mut und seinen aberwitzigen Ideen. Um so verwunderlicher die sprichwörtliche Feigheit, die ihm der Volksmund in Titeln wie *Hasenfuß* oder *Angsthase* zukommen läßt und die wohl eher auf einer Mißdeutung seines untrüglichen Fluchtinstinkts beruht.

Jahr für Jahr folgen Kinder und Erwachsene zu Ostern der süßen Spur des kleinen Nagers, der aufgrund seiner Possierlichkeit so manches Menschenherz erfreut. Doch wie kommen eigentlich die berühmten bunten Eier in das Nest, und wie die legendäre Hasenscharte unter Mümmelmanns Näschen? Und welche Rolle spielt dabei der Mond?

In Geschichten, Gedichten, Fabeln und Märchen erzählen namhafte Autoren wie Jean de La Fontaine, Joachim Ringelnatz, Erich Kästner, Virginia Woolf, Funny van Dannen und viele andere von ihrer ganz persönlichen Erfahrung mit dem geliebten Naschwerkstifter.

DIE HERAUSGEBERIN

Die Berliner Literaturwissenschaftlerin, Redakteurin und Lektorin Anne Enderlein, geb. 1966, hat zuletzt das Hochzeitsbuch JUNG GEFREIT, TIEF GEREUT (UB 24561) und, zusammen mit Cornelie Kister, die Anthologie DIE LEICHE HING AM TANNENBAUM (UB 35938) bei Ullstein herausgegeben.

Häschen aus der Tube

Geschichten von Meister Lampe
und anderen Rammlern

Herausgegeben von Anne Enderlein
und illustriert von
Kathinka Van Volxem

Ullstein

Ullstein Buchverlage GmbH & Co.KG, Berlin
Originalausgabe

Illustrationen: Kathinka Van Volxem, Hamburg
Umschlaggestaltung: Bauer + Möhring, Berlin
Titelabbildung: Philippe Bertrand c/o Contours, Hamburg

Gesetzt aus der Sabon
Satz: LVDGmbH, Berlin
Druck- und Bindearbeiten: Ebner Ulm

Printed in Germany

ISBN 3-548-24699-0

Inhaltsverzeichnis

Eduard Mörike

Auf ein Ei geschrieben

Ostern ist zwar schon vorbei,
Also dies kein Osterei;
Doch wer sagt, es sei kein Segen,
Wenn im Mai die Hasen legen?
Aus der Pfanne, aus dem Schmalz,
Schmeckt ein Eilein jedenfalls,

Und kurzum, mich täts gaudieren,
Dir dies Ei zu präsentieren,
Und zugleich tät es mich kitzeln,
Dir ein Rätsel draufzukritzeln.

Die Sophisten und die Pfaffen
Stritten sich mit viel Geschrei:
Was hat Gott zuerst erschaffen,
Wohl die Henne? wohl das Ei?

Wäre das so schwer zu lösen?
Erstlich ward ein Ei erdacht:
Doch weil noch kein Huhn gewesen,
Schatz, so hats der Has gebracht.

Kurt Tucholsky

Gespräch mit dem Osterhasen

Der Vorsitzende der Freien Wirtschaftsvereinigung deutscher Osterhasen, Herr Osterhase Mönkemeyer, empfing mich freundlich und honett. »Aber bitte!« sagte er. Ich trat näher.

Das große Bureauzimmer enthielt lauter große Schränke, die an den Wänden standen, bis zur Decke hinauf reichten Regale und Fächer. Und darinnen standen und lagen Eier in allen Formen, längliche und kugeldicke, kubistische und altmodische, grüne, gelbe und blaue. Ich sah Herrn Mönkemeyer fragend an. Er wackelte mit dem Sterz.

»Ich weiß alles«, sagte er. »Ich sei ein verrostetes Symbol, sagen die Leute, es sei lächerlich, heute noch anzunehmen, daß Hasen Eier legten, wo nicht einmal die Hennen genügend legen – Ostereier kaufe man fix und fertig zu Höchstpreisen in den Schokoladengeschäften – und wir Osterhasen sollten überhaupt machen, daß wir wegkämen. Überholt? Ich weiß doch nicht …« Er bewegte nachdenklich die Ohren.

»Aber so schlimm ist es wirklich nicht!« beeilte ich mich, höflich zu erwidern. »Die Menschen sind vielleicht zur Zeit ein wenig stark mit anderen Dingen überlastet …«

»Sagen Sie nichts«, sagte Herr Mönkemeyer. »Ich weiß alles. Wir sind abgemeldet. Aus. Vorbei. Und waren doch einmal so viel … Da – sehen Sie!«

Und Herr Mönkemeyer hoppelte an die Schränke, richtete sich auf den Hinterbeinen auf und entnahm dem Gefach ein Ei und noch ein Ei und viele, viele Eier. Er erklärte.

»Unsere Organisation ist Tausende von Jahren alt. Hier haben Sie ein prähistorisches Ei. Da.« Ein runder Stein, den man

allenfalls für ein Ei ansprechen konnte, lag vor mir. Die grobe Hand eines Diluvialmenschen hatte ein Hakenkreuz darauf gemalt. Gerührt betrachtete ich den Stein. »Es muß viele Mühe gemacht haben, dergleichen zu legen ...« sagte ich schüchtern. Herr Osterhase Mönkemeyer nickte stolz. »Das waren noch Konstitutionen«, sagte er. »Und hier«, fuhr er fort, »das ist ein griechisch-römisches Ei.« Eine pompös angemalte Sache stand da vor mir auf dem Tisch – eine kleine Madonna hielt ein Jesukindlein im Arm, das Ganze ein Meisterwerk der Miniaturmalerei. Mönkemeyer geriet in Feuer.

»Wir haben eine Tradition«, sagte er, »eine Geschichte! Eine Überlieferung, Herr! Da – und da –!« Und legte ein Nürnberger Ei auf den Tisch und ein Ei aus dem Dreißigjährigen Krieg mit der Inschrift: »Gib Frieden, Herr!« und ein Ei aus dem Schatz des Kaisers von China, dünn und leicht wie eine Teeschale ...

»Ja«, sagte ich. »Sie waren fleißig, Ihre Vorfahren –.«

»Kommen Sie an die Schränke«, sagte Mönkemeyer, »kommen Sie, sehen Sie!« – Und ich sah und sah, und alten Zeiten wurden lebendig:

Biedermeierisch und zart bemalt standen da kleine Porzellaneierchen in Reih und Glied, in einem war eine kleine Spieluhr angebracht, die zimperte, stellte man das Ei auf den Kopf, »Denkst du daran, mein tapferer Lagienka!«, und Eier aus der weiland königlich preußischen Porzellanmanufaktur waren da mit vielen Zieraten und französische Eier und Eier aus der wilhelminischen Ära (furchtbar bunt und gänzlich hohl) und Kriegsgreueleier, auf denen schnurrbärtig abkonterfeit worden zu sein keinem Heerführer erspart war, und Eier, Eier, Eier ... Mönkemeyer sah mich erwartungsvoll an: »Na?« sagte er.

Ich rang nach Worten: »Das sind gewiß sehr schöne Attribute Ihrer Industrie«, sagte ich. »Sehr schöne Attribute – – Und es steht gewiß zu hoffen, daß ... auch fürderhin ...«

»Papp!« sagte der Hase. »Ich glaube, es ist vorbei. Es ist alles vorbei!« Seine treuen Augen umflorten sich. »Ich weiß doch nicht«, sagte ich.

»Herr Pressevertreter«, sagte der Hase Mönkemeyer, »glauben Sie, wir, die Freie Wirtschaftsvereinigung Deutscher Osterhasen, wir sähen nicht? Die Leute glauben an gar nichts mehr. Die Formen sind zerbrochen. Was ist ihnen heute Quadrille, Sonett, Etikette Sitten und Gebräuche? ... Es geht alles drunter und drüber. Da bröckelt etwas ab, hier löst sich etwas auf – alles, was gewesen ist, geht langsam dahin – was ist Weihnachten, Ostern, Pfingsten. – Und was war es früher?« Er seufzte. Ich versuchte, zu trösten.

»Nein«, sagte er, »lassen Sie nur. Wir danken ab. Es scheint aus zu sein. Was ist das für eine Generation! Was für Menschen! Wohin treiben wir?« Er tat mir leid. Und da sagte ich ihm etwas, ihm, dem Hasen, das ich bisher noch keinem Menschen gesagt hatte.

Ich sprach: »Herr Mönkemeyer! Gewiß zerbrechen die alten Formen. Und vielleicht ist das ganz gut so. Gewiß schwindet das Alte dahin, gewiß glaubt heute kein Mensch – und auch die Kinder nicht – an das Alte, das einst der Lebensinhalt alter Generationen gewesen ist. Gewiß bemühen sich manche krampfhaft, so zu tun, als sei nichts vor sich gegangen, als könne man noch mit den alten Mitteln auf den alten Wegen die alten Zwecke erreichen. Gewiß: so ist das. Und Ihre Wirtschaftsvereinigung hat es schwer – ja, das sehe ich ein. Aber, Herr Mönkemeyer, solange es Menschen auf der Erde gibt, werden sie Stunden haben, in denen sie den ganzen Kram um sich herum vergessen und selig anfangen zu spielen. Mit dem Leben zu spielen, mit Blumen, mit Mädchen, mit den Dingen, und mit den Erinnerungen. Stunden, in denen es ihnen klar wird, daß es ja schließlich – bei aller Achtung vor den Metaphysikern – nicht darauf ankommt, einer Idee zu dienen, son-

dern, entschuldigen Sie das verpönte Wort, zu leben. Und glücklich zu sein. Und da zu sein. Und wenn all Ihre Eier hier zerschlagen sein sollten –: die Menschen werden sich etwas Neues ausdenken. Oder untergehen. Es geht nicht alleine mit dem Verstand, es geht wirklich nicht. Wir brauchen die Form, das verspielte Zeug, die Frauen – und die Osterhasen. Wir brauchen sie, lieber Herr Mönkemeyer, wir brauchen Sie!«–

Die Augen des Osterhasenvorsitzenden leuchteten. »Glauben Sie?« sagte er fröhlich. »Glauben Sie wirklich?«

Ich nahm meinen Hut. »Ich weiß es«, sagte ich langsam. Und da griff der Osterhase Mönkemeyer in den braunen Mahagonischrank und reichte mir ein Ei aus der Zeit des Barock, mit Girlanden und Putten bemalt, zart angetuscht, zierlich und hellblau. Und ein Spruch stand darauf. Ich las:

»WEIL LIEBE NICHT GELIEBT IST, MUSS ICH WEINEN.«

Klaus Wagenbach

Hase oder Kaninchen

Hat man je davon gehört, daß Esel und Pferd verwechselt werden? Den Unterschied kennt doch jeder Esel. Dabei sind diese beiden Tiere viel näher verwandt als Hase und Kaninchen; sie kopulieren miteinander und bringen dabei immerhin Maultier resp. Maulesel zustande, wohingegen Kaninchen und Hasen keineswegs miteinander rammeln, geschweige denn etwas zusammen hinlegen, womit wir bei einem anderen Unterschied sind: die Kaninchenzibbe trägt 31 Tage, die Häsin elf Tage länger, Kaninchen werden nackt und blind geboren und sind Nesthocker, Hasen haben gleich ein Fell und die Augen offen und sind Nestflüchter – das müssen sie auch, denn ihr Nest ist auf, das der Kaninchen unter der Erde.

Das eine ist ein Gräber, der andere ein Renner, das eine mit kurzen, der andere mit langen Löffeln, das eine mit weißem Bauchfell, der andere mit grauem. Zu den Techniken und Sitten zitieren wir Alfred Brehm: »Die Bewegungen des Kaninchens unterscheiden sich wesentlich von denen des Hasen. Im ersten Augenblick übertrifft es diesen an Schnelligkeit, immer an Gewandtheit. Es versteht das Hakenschlagen meisterlich. Ungleich verschmitzter und schlauer als der Hase, läßt es sich höchst selten auf der Weide beschleichen …«

Hans Christian Andersen

Die Schnelläufer

Es war ein Preis ausgesetzt, ja, zweie waren ausgesetzt, der kleine und der große, für die größte Geschwindigkeit, nicht bei einem Lauf, sondern so fürs Laufen das ganze Jahr hindurch.

»Ich bekam den ersten Preis!« sagte der Hase; »Gerechtigkeit muß doch sein, wenn die eigenen Anverwandten und gute Freunde im Rat sitzen; aber daß der Schneck den zweiten Preis bekommen hat, empfand ich beinahe als beleidigend mir gegenüber!«

»Nein«, versicherte der Heckpfahl, der bei der Preisverteilung Zeuge gewesen war, »Fleiß und guter Wille müssen auch berücksichtigt werden, das ist von mehreren achtbaren Personen geltend gemacht worden, und das habe ich auch verstanden. Der Schneck hat allerdings ein halbes Jahr gebraucht, um über die Türschwelle zu kommen, aber er hat sich bei der Eile, mit der er es immerhin bewerkstelligen mußte, den Schenkel gebrochen. Er hat einzig und allein für seinen Lauf gelebt, und er lief mitsamt dem Haus! All dies ist lobenswert! Und darum bekam er den zweiten Preis!«

»Ich hätte doch auch in Betracht gezogen werden können!« sagte die Schwalbe; »schneller im Fliegen und Wenden als ich hat sich, glaube ich, keiner gezeigt, und wo bin ich nicht überall gewesen: weit, weit, weit!«

»Ja, das ist Ihr Unglück!« sagte der Heckpfahl; »Sie treiben sich zuviel herum! Sie müssen immer auf und davon, aus dem Land fort, wenn hier der Frost einsetzt; Sie haben keine Vaterlandsliebe! Sie können nicht in Betracht kommen!«

»Wenn ich nun aber den ganzen Winter drüben im Sumpf

läge?« sagte die Schwalbe, »die ganze Zeit verschliefe, käme ich dann in Betracht?«

»Bringen Sie ein Attest von der Moorfrau, daß Sie die Hälfte der Zeit im Vaterland verschlafen haben, dann kommen Sie in Betracht!«

»Ich hätte eigentlich den ersten Preis verdient und nicht den zweiten!« sagte der Schneck. »Eins weiß ich doch, der Hase ist nur aus Feigheit gelaufen, immer wenn er dachte, es wäre Gefahr im Verzuge; ich dagegen habe mir das Laufen zur Lebensaufgabe gemacht und bin im Dienst zum Krüppel geworden! Wenn jemand den ersten Preis verdient haben sollte, wäre ich es wohl! Aber ich mache keinen Wind davon, das verachte ich!«

Und dann spuckte er.

»Ich werde in Wort und Tat dafür einstehen, daß jeder Preis, zum mindesten was meine Stimme dabei betrifft, in gerechter Erwägung verliehen worden ist!« sagte das alte Vermessungszeichen im Wald, welches Mitglied der vereinigten Preisrichter war. »Ich gehe immer mit Ordnung, Überlegung und Berechnung vor. Bereits siebenmal habe ich schon die Ehre gehabt, bei der Preisverleihung dabeizusein; aber erst heute habe ich meinen Willen durchsetzen können. Ich bin bei jeder Verteilung von etwas Bestimmtem ausgegangen. Ich habe immer beim ersten Preis die Buchstaben vorn im Alphabet genommen und beim zweiten Preis die von hinten. Und wollen Sie nun aufmerken, wenn man von vorn anfängt: Der achte Buchstabe von A ist H, da haben wir den Hasen, und so stimmte ich also beim ersten Preis für den Hasen, und der achte Buchstabe von hinten – das Æ zähle ich nicht mit, das hat so einen ungehörigen Laut, das Ungehörige übergehe ich immer – ist dann das S; darum stimmte ich beim zweiten Preis für den Schneck. Das nächste Mal wird es das I für den ersten und das R für den zweiten sein! – Jedes Ding muß seine Ordnung haben! Man muß doch irgend etwas haben, an das man sich halten kann!«

»Ich hätte nun für mich selber gestimmt, wenn ich nicht unter den Richtern gewesen wäre«, sagte der Maulesel, der auch mit zu den Preisrichtern gehörte. »Man muß nicht nur in Betracht ziehen, wie schnell man vorwärts kommt, sondern auch, was sonst noch für Eigenschaften vorhanden sein könnten, so etwa der Umstand, wieviel man zieht; das wollte ich jedoch diesmal nicht hervorheben, auch nicht die Klugheit des Hasen bei seinem Lauf, seine Schläue, daß er mit einemmal einen Sprung zur Seite macht, um die Leute in die Irre zu führen und von der Stelle weg, wo er sich verkrochen hat; nein, es gibt noch etwas, was viele beobachten und was auch nicht unbeachtet gelassen werden darf, und das ist das, was man das Schöne nennt; darauf habe ich hier mein Augenmerk gehabt, ich habe auf die schönen, wohlgeformten Ohren des Hasen gesehen, es ist ein Vergnügen, zu sehen, wie lang die sind! Mir war, als sähe ich mich selber, da ich klein war, und so gab ich ihm meine Stimme!«

»Pscht!« sagte die Fliege, »ja, ich will keine Rede halten, ich will nur etwas sagen! Eins weiß ich, ich habe mehr als einen Hasen überholt. Neulich brach ich einem der jüngsten die Hinterläufe; ich saß auf der Lokomotive vor dem Eisenbahnzug, das tue ich oft, dann merkt man am besten seine eigene Schnelligkeit. Ein junger Hase lief lange vor etwas her, er ahnte nicht, daß ich da war; zuletzt mußte er abbiegen, aber da wurden die Hinterläufe von der Lokomotive überfahren, denn ich saß darauf. Der Hase blieb liegen, ich fuhr weiter. Das heißt doch wohl, soviel wie ihn besiegt haben. Aber ich habe den Preis nicht nötig!«

»Ich finde eigentlich« – dachte die wilde Rose, aber sie sagte es nicht laut, es ist nicht ihre Art, sich zu äußern, obwohl es ganz gut gewesen wäre, wenn sie es getan hätte –, »ich finde

eigentlich, der Sonnenstrahl hätte den ersten Ehrenpreis haben müssen und den zweiten dazu! Der fliegt im Nu den unermeßlichen Weg von der Sonne zu uns herab und kommt mit einer Kraft, daß die ganze Natur dadurch erwacht; er besitzt eine Schönheit, daß wir Rosen alle davon erröten und duften! Die hohe, preisrichterliche Obrigkeit scheint ihn gar nicht bemerkt zu haben! Wäre ich Sonnenstrahl, ich gäbe jedem einen Sonnenstich – aber das würde sie nur verrückt machen, das können sie auch ohne das werden! Ich sage nichts!« dachte die wilde Rose; »Frieden im Walde! Herrlich ist es, zu blühen, zu duften und sich zu erquicken, in Sage und Lied zu leben! Der Sonnenstrahl überlebt uns doch alle miteinander!«

»Was ist der erste Preis?« fragte der Regenwurm, der verschlafen hatte und jetzt erst herbeikam.

»Freier Zutritt zu einem Kohlgarten!« sagte der Maulesel; »ich habe den Preis vorgeschlagen! Der Hase mußte und sollte ihn haben, und da nahm ich, als denkendes und tätiges Mitglied, vernünftigerweise Rücksicht auf die Zweckdienlichkeit des Preises für den, der ihn haben sollte; nun ist der Hase versorgt. Der Schneck erhält die Erlaubnis, auf dem Steinwall zu sitzen und Moos und Sonnenschein zu naschen, und ist weiterhin als einer der ersten Preisrichter im Schnellauf aufgenommen. Es ist so gut, wenn man in einem Komitee, wie die Menschen es nennen, einen vom Fach dabei hat! Ich muß sagen, ich erhoffe viel von der Zukunft – wir haben schon so gut angefangen!«

Gustav Hochstetter

Der Hase und die Katze

Eine Katze und ein älterer Hase
Wanderten einst die gleiche Straße.
Bald schlossen Freundschaft im grünen Revier
Der Hase und das Katzentier,
Und es beschlossen die wackeren beiden,
Vereint zu tragen der Wanderschaft Leiden.

So sind sie denn an ein Wirtshaus geraten,
Da hing ein Schild: »Frischer Hasenbraten!«
Kaum hatten die beiden dieses gelesen,
Hui! Ist da der Hase am Laufen gewesen!
Zehn Spannen nahm er mit jedem Satze!
– Aber erst die Katze!

Der eine fängt den Hasen, der andre ißt ihn

Alfons Schuhbeck

Das Spiel der Aphrodite

Hasen hatten in der Geschichte immer eine enge Beziehung zu Frauen. Auf antiken Gefäßen wurde das Langohr häufig als Spielgefährte der Aphrodite dargestellt. Die angelsächsische Göttin der Fruchtbarkeit liebte Hasen über alles und machte sie zum Frühlingssymbol. So wurde aus Meister Lampe der weltweit bekannte Osterhase. Curnonsky, ein berühmter Gourmet aus Paris, schrieb schon um die Jahrhundertwende: »Der Hase ist der Fürst unter den Aphrodisiaka, sofern man mit ihm umzugehen weiß.« Mit meiner Rezeptkreation kann eigentlich nichts schiefgehen, es ist unkompliziert und rasch zubereitet – so können Sie sich in aller Ruhe auf das Liebesmahl konzentrieren.

Aufgepaßt: lassen Sie die Flasche mit dem alten, schweren Rotwein lieber im Keller – ein fruchtiger Montepulciano oder ein Chianti sind gerade recht und machen nicht so schnell schlapp.

Gebratene Hasenrückenfilets mit Rotweinrhabarber und Haselnußnudeln

Zutaten:

400 g	ausgelöste Hasenrückenfilets
	Salz, frisch gemahlener Pfeffer
2	Rhabarberstangen
1 EL.	Zucker
1 EL.	Öl
200 ml	Wildfond aus dem Glas
1 EL.	Portwein
1/8 l	Rotwein
400 g	Bandnudeln
20 g	Butter
2 EL.	grob gehackte Haselnüsse

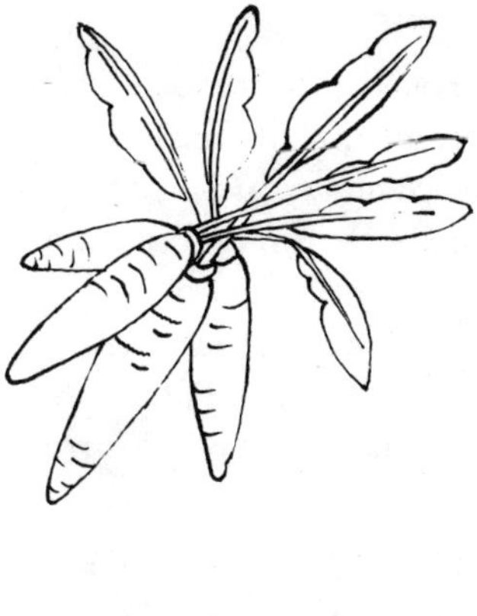

Zubereitung:
Das Hasenfilets mit Salz und Pfeffer würzen. Die Rhabarberstangen waschen, falls nötig schälen und in etwa 3 cm lange Stücke schneiden. Mit Zucker bestreuen und etwa 30 Minuten lang Saft ziehen lassen.

Den Backofen auf 160 °C vorheizen. Die Filets im heißen Öl rundherum scharf anbraten. Herausnehmen und auf einer feuerfesten Platte im Backofen in 10–12 Minuten fertiggaren. Den Bratensatz mit Wildfond und Portwein ablöschen und auf ein Drittel einkochen lassen.

Den Rotwein in einem breiten Topf zum Kochen bringen und um die Hälfte einkochen lassen. Die Rhabarberstücke dazugeben und zugedeckt bei schwacher Hitze in wenigen Minuten weichdünsten. Ein Drittel des Rhabarbers im Mixer pürieren und mit den Fruchtstücken vermischen.

Die Nudeln in reichlich kochendem Salzwasser bißfest kochen. Auf einem Durchschlag abtropfen lassen. Die Butter in einer Pfanne aufschäumen lassen und die Nüsse darin anrösten. Die Nudeln dazugeben und kurz durchschwenken.

Die kalte Butter in kleinen Flöckchen unter den eingekochten Bratenfond schlagen. Die Filets in Scheiben schneiden, mit Sauce überziehen und mit Rotweinrhabarber und Haselnußnudeln servieren.

Schuhbecks Tip:

Wer gerne kocht, bereitet sich seinen Wildfond selber. Es geht ganz einfach – Wildknochen in Öl anrösten, kleingeschnittenes Suppengrün und Gewürze wie Wacholder, Lorbeer und Piment dazugeben und mit Rotwein aufgießen. Bei mäßiger Hitze auf ein Drittel einkochen lassen. Dann durch ein Sieb gießen, und fertig ist ein wohlschmeckender Fond.

Hermann Löns

Hasendämmerung

Jans Mümmelmann, der alte Heidhase, lag in seinem Lager auf dem blanken Heidberg, ließ sich die Mittagssonne auf den billigen Balg scheinen und dachte nach über Leben und Tod. Sein Leben war Mühe und Angst gewesen. Aber dennoch fand er, daß sein Leben köstlich gewesen war. Auf grünen Feldern hatte sich seine Jugendzeit abgespielt; seine Jünglingsjahre hatte er im Walde verlebt; die Jahre seiner männlichen Reife verbrachte er in der Heide, nachdem ihm Feld und Wald Menschenhaß gelehrt hatten, und nur, wenn sein Herz sich nach Zärtlichkeiten sehnte, verließ er die Öde.

Da lebte er, ein einsamer Weltweiser. Die Äsung war mager, aber es stand nicht, wie beim Klee im Felde und bei der üppigen Wiese im Walde, die Angst bleichwangig und schlotterbeinig immer neben ihm; in Ruhe und Frieden konnte er da leben, sorglos im feinen Flugsande des Heidhügels die rheumatischen Glieder baden und dem Gesange der Heidelerchen lauschen.

Mümmelmann fand heute aber doch, daß er etwas Abwechslung in seine Nahrung bringen müsse. Keine Philosophie der Welt tröstet den Magen und keine Weltweisheit befestigt die Appetitlosigkeit. Beim Dorfe gab es jetzt schon junge Roggensaat. Auch brauner Kohl war da, ferner Apfelbaumrinde, etwas ganz Feines, und der Klee war schon hoch genug, an den Gräben wuchs allerlei winterhartes Kraut; Mümmelmann lief das Wasser hinter den gelben Zähnen zusammen.

Allerdings, so ohne Gefahr ging ein Diner beim Dorfe nicht ab. Fast immer stöberten Wasser oder Lord oder Widu oder Hektor oder ein anderer dieser scheußlichen Köter im Felde herum. Der Jagdaufseher hatte im Felde überall Tellereisen und Schwanenhälse liegen, und der Jagdpächter hielt sich immer in der Nähe des Dorfes mit seinem Schießknüppel auf. Er war ein bißchen sehr dick und hatte eine trockene Leber, so daß er sich nicht gern weit vom Kruge entfernte.

Aber schließlich, was kann das schlechte Leben helfen? dachte Mümmelmann; e i n e n Tod sterben wir Hasen ja doch nur, und besser ist es, im Dampfe dem guten Schützen sein Kompliment zu machen, als vor Altersschwäche den Schnäbeln der Krähen zum Opfer zu fallen. Und so machte er sorgfältig Toilette und rückte erst langsam, dann schneller gen Knubbendorf, wo er bei tiefer Dämmerung ankam.

Es war eine gemütliche Nacht. Der Schnee war weich und trocken, die Luft windstill, die Kälte nicht zu stark und der Himmel bedeckt, so daß Jans und die anderen keine Angst zu haben brauchten vor dem alten Krischan, dem Armenhäusler und Besenbinder, der mit seinem verrosteten Vorderlader bei hellen Nächten hinter dem Misthaufen auf die Hasen lauerte. Es gab ein langes Begrüßen und Erzählen, und so kam es, daß Jans völlig die Zeit verpaßte und erst lange nach dem ersten Hahnenschrei, als der Tag schon mit rotverschlafenem Gesicht über die Geest stieg, nach seiner Heide zurückhoppelte in Begleitung eines jungen, strammen Moorhasen, Ludjen Flinkfoot, seines im letzten Herbst bei dem großen Kesseltreiben im Feuer gebliebenen Freundes Sohn. Den hatte er bewogen, mitzukommen; er wollte ihn erziehen und als Erben einsetzen.

Als sie aber an den Heiderand kamen, da stutzten sie und machten Männchen, denn vor ihnen zappelten im Frühwinde lauter bunte Lappen. Voller Angst liefen sie zurück und scharrten sich, nachdem sie erst viele Haken geschlagen und Widergänge gemacht hatten, in einem mächtigen Brombeerbusch bei den Fischteichen ihr Lager.

Inzwischen war im Dorfe großes Leben. Dreißig Männer waren gekommen, bis an die Zähne bewaffnet, schrecklich anzusehen in ihrem Kriegsschmuck. Sie waren in den Krug gegangen, aßen und tranken, was es gab, machten sich mit Pfeifen und Zigarren und auch sonst blauen Dunst vor, prügelten ihre Hunde, die sich bissen, kniffen allen weiblichen Wesen unter fünfzig Jahren die Arme braun und blau, erzählten sich mehr oder minder starke, neuaufgewärmte alte Witze und zogen dann los, die reine Winterluft mit dem Rauch ihrer Zigarren und die Morgenstille mit dem Geknarre ihrer Stimmen erfüllend und sich freuend über den klaren, windstillen, schönen Tag, der so recht geeignet sei für den Hasenmassenmord.

Dicht hinter dem Dorfe wurde der erste Kessel gemacht. Ein Waldhorn erklang, Schützen und Treiber setzten sich nach dem Zentrum in Bewegung, und das Kriegsgeschrei der rauhen Kehlen dröhnte durch den Wintermorgen. Da wurden überall graue Flecke im weißen Schnee sichtbar, die sich zu Pfählen verlängerten, unschlüssig hin und her hoppelten, wie besessen dahinrasten, und dann knallte es hier, blitzte es da, rauchte es dort, und ein Hase nach dem anderen rückte zusammen, wurde kürzer, immer kürzer, blieb schließlich liegen, sprang noch einmal in die Höhe und lag dann ganz still. Andere schlugen im Dampf ein Rad, daß der Schnee stäubte, wieder andere liefen wie gesund weiter und fielen plötzlich um. Und immer enger wurde der Kessel, immer zerfurchter seine Schneedecke von den Spuren der Hasen und den eingeschlagenen Schroten, und hellrote Flecke und Streifen sowie die dunklen Patronenpfropfen unterbrachen seine Farblosigkeit.

Ein Leiterwagen nahm die toten Hasen auf, und es ging zum

zweiten Kessel. Und als der abgetrieben war, kam der dritte an die Reihe, und dann ging es zum Jagdhause vor dem Moore, wo der Wirt mit seinen Töchtern Bohnensuppe auffüllte und Glühwein einschenkte und Grog. Da gab es ein großes Erzählen hin und her, so daß Herr Markwart, der Häher, und Frau Eitel, die Elster, entsetzt abstoben und es weit und breit herumbrachten, daß die Jäger wieder einmal da wären und schon hundertundsiebzig Hasen gemordet hätten.

Mümmelmann hörte aufmerksam zu, als Frau Eitel das Herrn Luthals, dem Würger, erzählte, und er dachte bei sich: »Wenn sie schon soviel haben, dann werden die Schinder wohl nicht mehr hierher kommen«, und er flüsterte Ludjen Flinkfoot zu: »Bleib immer hübsch still liegen, mein Junge, mag kommen, was da kommen will; wer sich nicht zeigt, wird nicht gesehen, und wer nicht gesehen wird, den trifft kein Blei.«

Es kam aber anders: Wieder klang das Horn. »Schwerenot noch einmal«, knurrte Jans unter seinem bereiften Bart her, »noch ein Kessel? Die Sonne geht ja schon in ihr Lager. Und ich glaube, die Bande kommt auf uns zu.« Ein furchtbares Gebrüll erhob sich von allen Seiten, der Boden dröhnte, Schüsse knallten. Ludjen wollte weg, aber der Alte rief: »Bliw liggen, du Döskopp«; denn wenn er erregt wurde, sprach er Platt, was er sich sonst als unfein abgewöhnt hatte, und dann setzte er hinzu: »Man kann nicht wissen, was passiert. Ich habe so eine Ahnung, als ob ich die Sonne nicht mehr aufgehen sehen soll. Und nun höre zu: Falle ich und du bleibst gesund, so rückst du in die Heide, bis du an den Heidberg kommst, wo die großmächtigen Steine aufeinanderliegen. Da bist du das ganze Jahr sicher, da kommt niemand hin als die dämlichen Schafe und höchstens einmal Reinke Rotvoß, der alte Schleicher; der erzählt ganz gut, aber halte ihn dir drei Schritt vom Leibe. Einem Fuchs darf man erst trauen, wenn er kalt und steif ist.«

Näher kam das Getrampel, dichter folgten die Schüsse, hin und her flitzten die Hasen, kobolzten von den Dämmen auf das Eis der Teiche und blieben da liegen. Auf einmal schwoll das Gebrüll noch weiter an: »De Voß, de Voß!« riefen die Treiber und domm, domm, domm, domm krachte es. Mümmelmann hörte es in den Brombeeren knistern, etwas Rotes sauste über ihn fort, dann etwas Schwarzweißes, und dicht vor ihm schlug sich ein großer Hund den Fuchs um den Kopf.

»Meinen Segen hat er«, dachte der alte Hase bei aller Angst; doch im nächsten Augenblicke fuhr er aus seinem Lager, denn ein zweiter Hund kam an und wollte ihn gerade fassen: »Da löppt noch een!« schrien die Treiber. Aber Jans war nicht umsonst bei seiner Mutter, der erfahrenen Gelke Mümmelmann, in die Lehre gegangen. Er schlug einen Haken über den anderen und hielt sich immer dicht vor dem Hunde, so daß kein Schütze zu schießen wagte. Auf einmal aber krachte ein Schuß, die Schrote schlugen pfeifend auf das Eis, der Hund jaulte auf und wütende Stimmen erhoben sich.

»Junger Mann, Sie haben meinen Hund totgeschossen!« brüllte ein dicker Herr.

»Ja, was kann ich dafür«, rief der dünne Student, »ich habe ihn nicht gesehen; was hat der Hund auch im Kessel herumzubiestern?«

Und der Dicke schrie wieder: »Er sollte den Fuchs apportieren. Der Hund hat mich dreihundert Mark gekostet.«

Und der Student rief: »Dreihundert Mark? Na, der Ihnen das abgeknöpft hat, der wird schön gelacht haben. Ich habe den Hund ja arbeiten sehen; hühnerrein war er, straßenrein auch, und Hasen hetzte er famos. Und wenn er auch nicht eingetragen war, ein ausgetragenes Biest war er doch, und die Rassenmerkmale hatte er innerlich wie die Ziegen den Speck. Dreihundert Mark? Lächerlich, Sie meinen wohl Pfennige?«

So ging es weiter, und keiner achtete auf Mümmelmann.

Der machte, daß er fortkam, denn er haßte Zank und Streit. Ihm tat nur Ludjen leid, um den Jungen hatte er Bange. Es dämmerte schon, als er an den Heiderand kam, und gerade dachte er, er wollte sich um die Lappen nicht kümmern, da krachte es, und wie zwanzig Peitschenhiebe auf einmal fühlte er es in Rücken und Keulen. Das war der Jagdaufseher gewesen, der die Lappen aufrollen wollte.

Jans fühlte, daß es mit ihm aus war. Aber er kam doch noch vom Fleck und tauchte in der Dämmerung unter. Ihm war sehr schwach zumute, obgleich er gar keine Schmerzen hatte; nur das Laufen wurde ihm schwer und das Atmen. Er kam noch bis zu dem alten Steingrab auf dem Heidberg, und da wühlte er sich in den weichen Sand, lag ganz still und äugte nach dem hellen Sternenbilde, das über dem fernen Walde stand und ganz wie ein riesenhafter Hase aussah.

Als der Mond über den Wald kam, da hoppelte auch Ludjen Flinkfoot heran. Er hatte, so schwer es ihm bei seiner Angst auch wurde, seines Oheims Ratschläge befolgt und war gesund davongekommen. Der gute Junge war sehr betrübt, daß er ihn todkrank fand; er rückte dicht an ihn heran und wärmte den Fiebernden.

Als es vom Dorfe Mitternacht schlug, da wurden Mümmelmanns Seher groß und starr; er sah die Zukunft vor sich: »Der

Mensch ist auf die Erde gekommen«, sprach er, um den Bären zu töten, den Luchs und den Wolf, den Fuchs und das Wiesel, den Adler und den Habicht, den Raben und die Krähe. Alle Hasen, die in der Üppigkeit der Felder und im Wohlleben der Krautgärten die Leiber pflegen, wird er auch vernichten. Nur die Heidhasen, die stillen und genügsamen, wird er übersehen, und schließlich wird Mensch gegen Menschen sich kehren, und sie werden sich alle ermorden. Dann wird Frieden auf Erden sein. Nur die Hirsche und Rehe und die kleinen Vögel werden auf ihr leben und die Hasen, die Abkömmlinge von mir und meinem Geschlecht. Du, Ludjen, mein Schwestersohn, wirst den reinen Schlag fortpflanzen, und dein Geschlecht wird herrschen von Anfang bis Untergang. Der Hase wird Herr der Erde sein, denn sein ist die höchste Fruchtbarkeit und das reinste Herz.«

Da rief der Kauz im Walde dreimal laut: »Komm mit, komm mit, komm mit zur Ruh, zur Ruh, zur Ruhuhuhu!«, und Mümmelmann flüsterte: »Ich komme«, und seine Seher brachen.

Ludjen hielt die Totenwacht bei seinem Oheim; drei Tage und drei Nächte blieb er bei ihm. Als er aber nach der vierten Nacht zurückkam zum Hünengrab, da war der Leib seines Ohms verschwunden, und Ludjen meinte, die kleinen weißen Hasen wären gekommen und hätten ihn weggeholt zu dem Hasenparadiese, wo der große, weiße Hase auf dem unendlichen Kleeanger sitzt.

Reinke Rotvossens Vetternschaft aber wunderte sich, daß der alte dreibeinige Heidfuchs, der immer so klapperdürr war, seit einigen Tagen einen strammen Balg hatte. Er hatte seinen Freund Mümmelmann bestattet auf seine Art.

Achim von Arnim und Clemens Brentano

Häsleins Klage

Ich armes Häslein im weiten, weiten Feld,
Wie wird mir doch so nachgestellt!
Bei Tage und bei Nachten,
Da tut man mir nachtrachten;
Man stellt mir nach dem Leben mein:
Wo bleib ich armes Häselein?

Ich eß ja nur ein Gräslein grün,
Was kann denn das für Schaden tun;
Ich pflücke nur ein Blättchen,
Daran tun ich mich sätt'gen;
Ich trinke das Wasser aus meinem Revier
Und gehe dann wieder in mein Quartier.

Kriegen mich dann die Hunde zu sehn,
Muß ich mit ihnen ein Gänglein gehn,
Durch Berg, durchs tiefe Tal
Da jagt man Marten all;
Dann ruft der Jäger: Hei, hopsasa!
Du hast verspielt, Viktoria!

Und greift mich dann am End der Wind,
Der Jäger mich an seinen Sattel bindt;
Wohl an dem großen Prangen,
Da muß ich Marten hangen,
Da schlicker und schlacker ich hin und her,
Als wenn ich ein Dieb vom Galgen wär!

Kriegt mich die Köchin dann zur Hand,
Hängt sie mich Marten wohl an die Wand;
Sie bringen mich ans Feuer und drehn mich herum,
Das Mädchen kommt gegangen,
Die Herren tun verlangen,
Sie saßen, sie aßen alle frisch,
Sie hatten einen gebrat'nen Hasen auf 'm Tisch.

Darum, ihr Brüder insgemein,
Soviel wir in dem Walde sein,
Entlaufet vor dem Jäger,
Entfliehet vor dem Schläger!
Entfliehet, eilet und säumt auch nicht!
Nun gute Nacht! lieber Marten spricht.

Indische Fabel

Der Löwe und der Hase

In der Mitte eines Waldes lebte ein Löwe namens Bhāsuraka, ›Der Strahlende‹. Von seiner großen Stärke verführt, brachte er ohne Unterlaß Gazellen, Hasen und andere Tiere des Waldes um. Da versammelten sich eines Tages alle bedrohten Geschöpfe des Waldes: Gazellen, Büffel, Eber, Hasen und alle anderen, machten sich auf zu ihm und sprachen: »O Herr! Wozu dieses ständige unnütze Töten allen Wildes, da ja schon ein Tier genügt, dich zu sättigen? Schließe deshalb mit uns eine Übereinkunft: Von heute an magst du hier ruhig sitzen bleiben, und jeden Tag soll nach der Rangordnung der Geschöpfe ein Tier zu dir kommen, um dir zur Nahrung zu dienen. Auf diese Weise wird dir dein Lebensunterhalt mühelos zuteil werden, und wir wiederum entgehen der Ausrottung. Das ist Königsrecht, und ihm gemäß möge gehandelt werden.« Denn es heißt:

Wer seine Herrschaft in Maßen genießet, wie der Weise den Heiltrank, der wird höchlich gedeihen.

Wer in Güte über seine Untertanen waltet, vermehret seinen Schatz im Himmel; doch Tyrannei zerstöret Tugend, führt Sünde und Schimpf herbei.

Der Fürst, der seine Schützlinge wie Ziegen umbringt, der wird sich nur einmal freuen, doch nicht ein zweites Mal.

Als Bhāsuraka diese Rede gehört hatte, sagte er: »Was ihr sagt, ist wahr, ich nehme euren Vorschlag an. Wenn aber, während ich hier throne, nicht immer pünktlich ein Tier zu mir kommt, bringe ich euch doch alle zusammen um.«

Die Tiere des Waldes gaben das diesbezügliche Versprechen

und begannen nun, von den drohenden Gefahren befreit, unbefangen im großen Walde umherzuschweifen. Jeden Tag aber kam, der Rangordnung nach, ein Tier zu ihm. Ein altes oder eines, das allem Irdischen entsagt hatte, oder ein von Kummer verzehrtes oder eines, das den Verlust von Frau und Kindern fürchtete, stellte sich um die Mittagszeit bei ihm ein, um ihm als Speise zu dienen.

So kam denn einst, gemäß der Rangordnung der Geschöpfe, die Reihe an den Hasen, und, sowenig es ihm auch gefiel, wurde er von allem Wild zu dem Löwen geschickt. Indem er nun so langsam, als es nur gehen mochte, dahinhoppelte, überschritt er die ihm zugemessene Zeit, und voller Angst nach einem Mittel suchend, dem Tode zu entgehen, langte er erst gegen Ende des Tages an. Der Löwe aber, wegen der Überschreitung der verabredeten Zeit vom Hunger ganz abgezehrt, war voller Zorn, beleckte gierig alle Winkel seines Rachens und dachte: ›Aha! Morgen muß ich alle Tiere des Waldes ausrotten!‹ In seinem Ingrimm kam das Häslein mit kleinen Schritten anmarschiert, verbeugte sich tief und stellte sich ihm gegenüber. Als nun der Löwe dieses sonst so leichtfüßige Geschöpf so spät erst eintreffen sah, steigerte sich sein Zorn noch mehr, und er sprach drohend: »Ha! Du lumpiger Hase! Du gerade, sonst der leichtfüßigste, kommst lange nach der festgesetzten Zeit! Wegen dieses Vergehens gegen unsere Abmachung werde ich, nachdem ich dich getötet habe, morgen alle Tiere des Waldes auf einmal ausrotten.« Darauf sprach das Häslein demütig, nachdem es sich noch einmal verneigt. hatte: »O Herr! Es ist hier weder von meiner Seite noch von seiten der übrigen Tiere etwas versäumt worden. Mögest du den Anlaß meiner Verspätung anhören!« Der Löwe sagte: »So tue ihn rasch kund, ehe du zwischen meine Zähne gerätst.« Das Häschen sprach: »O Herr! Nachdem ich vom Wild des Waldes erfahren hatte, daß heute nach der Rangordnung der Tiere die Reihe an mir, dem sehr Leichtfüßigen, sei, wurde ich mit vier anderen Hasen auf den Weg geschickt. Als ich zu dir unterwegs war, wurde ich von einem anderen großen Löwen, der aus einer Höhle kam, angeredet: ›He da! Wohin geht ihr? Empfehlt euch eurem Schutzgott an!‹ Darauf antwortete ich: ›Wir gehen, in Erfüllung eines Vertrages, zu unserem Herrn Bhāsuraka, um ihm als Mahlzeit zu dienen.‹ Darauf sagte der andere Löwe: ›Wenn dem so ist, müssen alle Tiere auch mit mir einen Vertrag abschließen: denn mir gehört der Wald. Dieser Bhāsuraka ist ein elender Räuber. Doch wenn er hier König ist, so laß mir die vier Hasen als Geiseln hier, fordere ihn hierher und komme so eilig wie möglich wieder zurück, auf daß derjenige von uns beiden, der durch seine Stärke König sein wird, sämtliches Wild hier verzehre.‹

Daraufhin bin ich, auf dessen Geheiß, zu dir, meinem Herrn, gegangen. Das ist der Grund, warum ich die Zeit versäumt habe. Jetzt möge der Herr befehlen!« Bhāsuraka, nachdem er diese Erklärung gehört hatte, sagte: »Mein Lieber! Wenn es sich so verhält, dann zeige mir rasch diesen Spitzbuben von einem Löwen, damit ich meinen Zorn gegen die Tiere des Waldes auf ihn ausschütte und wieder zu mir selbst komme.«

Der Hase erwiderte: »O Herr! Dieser Löwe haust aber in einer Burg; macht er einen Ausfall aus der Burg, so sind wir bedrängt; bleibt er in der Burg, so ist er ein schwer zu besiegender Feind.

Denn was ein König nicht durch tausend Elefanten und zehntausend Rosse zuwege bringen kann, das kann er erreichen durch eine Burg. Und welchem König als Gnade eine feste Burg gewährt ist, dem folgt der Sieg, und Burgen werden ihm zu Tausenden.«

Nachdem Bhāsuraka diese Einwendung gehört hatte, sagte er: »Zeige mir sofort diesen Spitzbuben, auch wenn er sich in einer Burg befindet, damit ich ihn umbringe.«

Das Häschen wandte ein. »Ich habe gesehen, daß dieser Löwe sehr stark ist. Daher ziemt es sich nicht, daß der Herr zu ihm gehe, ohne seine Kraft zu kennen.« Bhāsuraka erwiderte: »Ha! Was geht das dich an? Zeige ihn mir nur, auch wenn er in einer Burg haust!« Das Häschen sagte: »Wenn du es denn so willst, so komm, o Herr!«

Daraufhin machte er sich vor ihm her auf den Weg, ging alsdann zu einem tiefen Ziehbrunnen und sagte zu Bhāsuraka: »O Herr! Wer ist fähig, den Glanz deiner Majestät zu ertragen? Nachdem er dich von weitem gesehen, hat sich doch auch dieser Spitzbube in seine Burg zurückgezogen. Komm heran, damit ich ihn dir zeige!«

Bhāsuraka wurde ungeduldig. »Lieber, zeige mir sofort die Burg!«

Daraufhin zeigte der Hase ihm den Brunnen. Der törichte Löwe aber, der aus dem Wasser im Brunnen sein Spiegelbild hervorleuchten sah, erhob ein Schlachtgebrüll. Darauf stieg, als Echo, ein doppelt so starkes Gebrüll empor. Als er es hörte, dachte er: ›Dieser Löwe ist gewaltig stark!‹ Er warf sich auf ihn und verlor, in die Tiefe stürzend, sein Leben.

Das Häschen aber, nachdem es in seiner Freude allem Wild Glück gewünscht hatte und ob seiner Tat sehr gepriesen wurde, lebte vergnügt in diesem Walde weiter.

Wer Verstand hat, der hat Stärke. Woher hätte der Dumme Kraft? Ein Löwe, aus Stolz von Sinnen, wird vom Häslein zu Tode gebracht.

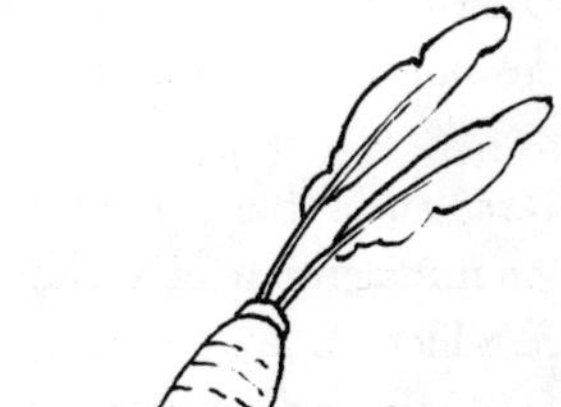

Wiglaf Droste

Ich schreite ein bei Hasenwitzen! oder: Ich bin ein toleranter Panther

Ich bin ein toleranter Panther:
Ich jage niemals mehr ein Reh.
Zwar war ich früher eleganter,
Doch tat ich damit – wie ich lernte – meiner Umwelt weh.

Denn ich vernaschte Hasen, Bambis, manches schicke Schaf.
Warum auch nicht?: Es schmeckte lecker, mjamm!,
und ich zog weiter fort.
Ich schleppte mehrmals täglich einen prallen Ranzen zum
Verdauungsschlaf.
Und wenn der um war, ging es stante pede, heißa!,
auf – zu neuem Mord.

Ja, damals, als geschmeidiger, gewandter
Und hemmungslos intoleranter Panther
Da war mein Lebensstil um einiges rasanter.
Denn ich soff Blut. Und nicht, wie heute, kalorienarme Fanta.

Doch bin ich damit ständig angeeckt
Als politisch nicht korrekt.

Das Pantherplenum tagte, und es war nicht freundlich
Zu mir, denn mein Verhalten, hieß es, sei höchst häschen-
feindlich
Und reh- und schafverachtend ohnehin,
Monierte wütend – und auch traurig – eine junge Pantherin.

Ich wehrte mich, ich maulte – doch nicht lange.
Das Kollektiv der Panther nahm mich ziemlich in die Zange.
Am Ende tat ich, mehr, als ich es war, zerknirscht.
Seit jenem Abend bin ich nur noch heimlich und bei Nacht
herumgepirscht.

Am Tage schiebe ich die Rehe, die im Rollstuhl sitzen,
Und sieche Kühe durch den Wald. Ich schreite ein bei
Hasenwitzen.
Ich führe blinde Schafe über Straßen, gratis, ohne Lohn.
Und sonntagmorgens, in der Kirche, hört man meinen
sanften Pantherbariton.

Ich arbeite als Therapeut. Ich bin jetzt ein bekannter
Und hochdotierter, vielgeachteter Drei-Sterne-Panther.
Den Schafen gelte ich als naher Blutsverwandter. –
Und sucht mich mal ein mir bekannter Panther auf und
seufzt: Die Welt, die war auch schon charmanter,
Dann sag ich dem: Komm laß es, sträub dich nicht, gelobe:
Kein Panther mehr zu sein, sondern wie ich, ein Ehrenreh –
auf Probe.

Jean de La Fontaine

Der Kater, das Wiesel und der kleine Hase

Den Palast eines Junghasen
besetzte eines schönen Tags
ein freches Wiesel ohne Gicks und Gacks.
Hans Lampe äste grad' auf einem andern Rasen.
Das Wiesel richtete sich häuslich ein,
spazierte im Morgensonnenschein
zwischen Thymian und Tau,
speiste, rannte herum und jagte.
Da rückte Hans Lampe heim zum Bau,
bemerkte das Wiesel am Fenster und sagte:
Ihr gütigen Götter, was seh' ich hier?
Kaum bin ich weg vom Vaterhaus,
macht Fräulein Wiesel flugs Quartier;
schnell ziehe Sie ohne Gezeter aus,
sonst ruf' ich die Ratten unters Panier! –
Die Erde, sprach die Dame mit der spitzen
Schnauze, gehört denen, die sie zuerst besitzen.
Das gäb' eine schöne Sorte von Kriegsgrund und Ruhm:
ein Haus, wo man selber einschleicht von hintenherum.
Und wär es auch ein Königreich,
ich nenn' euch das Gesetz sogleich;
für immer hat man Erlaubnis gegeben!
Peters Sohn oder Wilhelms Neffen Johann,
dem Paul darnach und mir sodann.
Sitte und Brauch beschwor Hans Lampe bei seinem Leben.
Das sind die Gesetze, versetzte er dreister;
sie machen mich zum Wohnungsherrn und Meister.

Erbrecht von Peter auf Simon, dann auf mich,
den Hans. Hält da ein anderes Gesetz noch Stich?
– Doch wohl, ohne Geschrei und ora pro nobis,
tragen wirs vor, sprach sie, Raminagrobis.
Das war ein Kater; er lebte als Eremit;
ein Kater vom frömmsten Katzengeist,
ein Heiliger fast, dickfellig, stark und feist,
Spezialist für alle Fälle und Archimandrit.
Hans Lampe billigte ihn als Richter.
Beide traten des Abends spät
vor seine dickfellige Majestät.
Und Greifmaus sagte: Ihr Kinder, dichter
heran, noch näher, ich höre schwer, das machen die Jahr'!
Beide näherten sich ohne Scheu.
Als er faßlich die Parteien fand, eheu,
schlug Greifmaus, der gute Apostel, das Paar
zugleich mit zwei Krallenhieben nach Maß
und einigte die Kläger, indem er sie fraß.
Das ähnelt stark den einstigen Debatten,
welche kleinere Fürsten vor Königen hatten.

Jorge Carrera Andrade

Das rechte Leben

Häschen, furchtsamer Bruder, mein Lehrer und Philosoph,
dein Leben hat mich das Schweigen gelehrt.
Da die Einsamkeit deine Goldmine ist,
kümmert dich wenig der ewige Gang der Welt.

Kleiner Sucher nach Weisheit,
du blätterst im einfachen guten Kohl wie in einem Buch
und beobachtest die Manöver der Schwalben,
wie der heilige Simeon aus deiner dunklen Höhle.

Bitte den lieben Gott um einen Garten im Himmel,
in der Glorie, einen Garten mit gläsernen Kohlköpfen,
einen Strahl süßes Wasser für dein zartes Schnäuzchen
und über deinem Kopf den Flug der Tauben.

Du stehst im Geruch ein Heiliger zu sein,
und wenn du stirbst, ist dir der Knotenstrick
des heiligen Franziskus sicher. Mit deinen langen Ohren
spielen dann im Himmel die seligen Kinder.

Johann Gay

Der Hase und die vielen Freunde

Freundschaft und Liebe sind ein bloßer Name, wo nicht ihre Flamme auf einen Gegenstand eingeschränkt wird. Das Kind, an welchem viele Väter seinen Anteil haben, wird selten die Sorgfalt eines Vaters erfahren haben. Gleich also verhält sichs mit Freundschaften. Wer sich an viele hänget, findet selten einen Freund. Ein Hase, der auf eine freundliche Art, wie Gay, sich allen gefällig machte, war unter dem ganzen Gefolge von Thieren, welches entweder den Wald besuchet, oder auf dem Felde graset, bekannt. Seine Sorge war niemand zu beleidigen; und jedes Geschöpf war sein Freund.

Als er einst bey früher Morgendämmerung hervorkam, die thaubesprengte Ebene zu bekosten, höret er hinter sich das Geschrey des Jägers, und den Donner des langen Schießrohrs. Plötzlich fährt er auf und davon, steht still, und keichet nach Athem; er hört die Annäherung des Todes; er verdoppelt und mißt, noch einmal den Hund zu mißleiten, seinen labyrinthischen Kreis: bis er auf der öffentlichen Landstraße, ohnmächtig und furchtvoll, nach Athem schnappend, lag.

Welche Entzückung entstand in seinem Busen, als er zuerst das Pferd ins Gesicht bekam!

Laß mich, sprach er, deinen Rücken besteigen, und meine Sicherheit einem Freunde zu danken haben; du weißt es, meine Füße verrathen meine Flucht. Der Freundschaft ist jede Bürde leicht.

Das Pferd versetzte: Armer ehrlicher Hase, es kränket mich in der Seele, dich in diesem Zustande zu sehen; tröste dich, die Hülfe ist nahe: denn alle deine Freunde sind im Nachzuge.

Er flehte hierauf zu dem ansehnlichen Stier; und der mächtige Herr antwortete also: Da jedes lebende Thier davon zu sagen weiß, daß ich dir aufrichtig Gutes wünsche; so kann ich, ohne dich zu beleidigen, die Freiheit eines Freundes mir herauszunehmen verlangen: die Liebe rufet mich von hinnen, meine Lieblingskuh erwartet mich bey jenem Gerstenhaufen; und wenn es auf eine Dame ankömmt, so weißt du, daß alles andere hintangesetzet werden müsse. Dich also zu verlassen, mögte unfreundlich erscheinen; doch siehe die Ziege ist gerade hinter mir.

Die Ziege merkte an, daß sein Puls sehr stark schlüge, daß ihm der Kopf schlackerte, und seine Augen schläfrig wären. Mein Rücken mögte dir Schaden thun, das Schaf ist nicht fern, und Wolle ist warm.

Das Schaf war schwach, und klagte, daß seine Seiten eine Last von Wolle tragen müßten; es sagte, daß es nur langsam sey, und bekannte seine Furcht: denn Hunde, sprach es, fressen sowol Schafe als Hasen.

Er wandte sich nun an das trabende Kalb, einen aufs äußerste gebrachten Freund vom Tode zu retten.

Dieses sprach: Kann ich, bey meinem zarten Alter, mich zu diesem wichtigen Dienste verstehen? Aeltere und Geschicktere gingen dich vorbey; wie stark waren jene! Wie schwach bin ich! Sollte ich es auf mich nehmen, dich von hinnen zu tragen, mögten jene, meine Freunde es übel empfinden. Entschuldige mich demnach. Du kennest mein Herz. Doch, auch die besten Freunde müssen sich trennen! Wie werden wir alle um dich klagen! Lebe wohl: denn so eben erblicke ich die Hunde.

Gotthold Ephraim Lessing

Der Löwe und der Hase

Ein Löwe würdigte einen drolligten Hasen seiner nähern Bekanntschaft.

»Aber ist es denn wahr«, fragte ihn einst der Hase, »daß euch Löwen ein elender krähender Hahn so leicht verjagen kann?«

»Allerdings ist es wahr«, antwortete der Löwe; »und es ist eine allgemeine Anmerkung, daß wir großen Tiere durchgängig eine gewisse kleine Schwachheit an uns haben. So wirst du, zum Exempel, von dem Elefanten gehört haben, daß ihm das Grunzen eines Schweins Schauder und Entsetzen erwecket.«

»Wahrhaftig?« unterbrach ihn der Hase.

»Ja, nun begreif ich auch, warum wir Hasen uns so entsetzlich vor den Hunden fürchten.«

An der **Leine**
fängt der **Hund**
keinen **Hasen.**

Indianisches Märchen

Der Hasenfuß

Coyote saß auf einem Hügel und dachte darüber nach, was er wohl mit seiner Zeit anfangen sollte. Plötzlich sah er den Hasen in voller Fahrt auf sich zukommen. »Warum rennst du denn so?« fragte er den Hasen. »Ich laufe weg, so schnell ich kann!« keuchte dieser, und da war er auch schon vorbei. Coyote kratzte sich hinter dem Ohr und überlegte: ›Wenn der Hase so schnell läuft, hat er sicher seine Gründe. Am besten ist es, wenn ich mich ebenfalls aus dem Staube mache.‹ Damit setzte er sich in Trab und lief hinter dem Hasen her.

Als Coyote gerade einen Bach überquerte, traf er den Wolf. »Bruder Coyote, wohin denn so eilig?« fragte ihn dieser. »Ich verschwinde, so schnell ich kann!« antwortete jener, und da war er auch schon in der Prärie.

›Hmm, da stimmt doch etwas nicht!‹ dachte der Wolf. ›Wenn Coyote, der doch ein gerissener Bursche ist, so flink ausreißt, dann ist bestimmt irgendwo was los. Da tue ich wohl besser, wenn ich mich ebenfalls verziehe.‹

Damit machte sich der Wolf auf den Weg und folgte dem Coyoten.

Nachdem der Wolf eine Weile gelaufen war, traf er Grizzly, den Bären. Der war gerade beim Fischfang und warf erstaunt den Kopf auf, als er den Wolf daherpreschen sah. »He, Bruder Wolf, warum die Eile?« – »Ich verschwinde so flink wie möglich ...« Den Rest konnte Grizzly nicht verstehen, denn der Wolf war schon zu weit weg.

›Aha‹, dachte der Bär, ›wenn Bruder Wolf es so eilig hat, dann ist es höchste Zeit, auch zu verschwinden. Höchste Zeit,

daß ich nach Hause komme, wirklich höchste Zeit.‹ Und sogleich setzte er sich in seinen gewohnten Zuckeltrab und folgte dem Wolf.

Nach einer Weile sah er seinen Freund, den Wolf, mitten in der Prärie auf den Hinterkeulen sitzen. Nicht weit entfernt von ihm saß der Coyote, und ein bißchen weiter, ganz außer Atem, der Hase. Als Grizzly herangekommen war, fragte er ganz verdutzt: »Warum sitzt ihr denn hier alle so herum? Ich dachte, du hattest es so eilig? Warum, Bruder Wolf, bist du denn so schnell gelaufen?«

»Oh«, erwiderte dieser, »ich sah den Coyoten vorbeilaufen, und da dachte ich mir: ›Besser ist besser‹; und so bin ich auch weggelaufen. Wenn du genau wissen willst, was los war, müssen wir schon den Coyoten fragen.«

»He, Coyote, warum bist du so gerannt?«

»Ich weiß nicht«, war die Antwort. »Ich sah den Hasen vorbeiflitzen, und da habe ich mich vorsichtshalber auch auf die Socken gemacht. Fragt doch ihn, warum er es so eilig hatte.«

Der Hase war noch ganz außer Atem, als die drei bei ihm ankamen. »Warum bist du nur so schnell gelaufen?« fragte der Bär, dem die ganze Sache auf die Nerven fiel. »Oh«, antwortete der Hase, »oh, ich war gerade dabei, Weidenspitzen zu fressen, als mit großem Getöse eine Ladung Schnee von einer Tanne fiel. Da habe ich mich so erschrocken, daß ich einfach fortgerannt bin. Beinahe wäre nämlich der Schnee genau auf meinem Kopf gelandet, und der Gedanke allein macht mich krank.«

Da brachen der Bär, der Wolf und der Coyote in ein Gelächter aus, daß es meilenweit zu hören war. Der Hase aber schüttelte betrübt den Kopf, dachte an die zarten Weidenspitzen und an seinen Magen und machte sich zaghaft auf, um zu seiner Mahlzeit zurückzukehren.

Ernst Meister

Hasenwinter

Hurra, Soldaten der Felderangst!
Ihr, in Reihe und Glied,
Köpfe in Tüten nach unten …
Stillgehangen, Hasen!
trotz Winterwind.

Ja, der Winterwind
fegt, blank wie Nagezähne, Silbergewölk
über den spiegelnden Himmel.

Auf dem Gipfel
beginn ich die Schneelawine,
ein kleiner Anstoß genügt, und
meine Schuld, Vater des innigen Himmels,
rollt über den Berg
zu Tal, wächst
und zerschmettert
meine Eisblumenfenster, davor
sie hängen, die Hasen.

Aufgewacht, Soldaten der Felderangst!
Rührt euch –
Weißklee, blau eisig, blüht auf der Höh!
Kommt, hoppelt zu mir herauf,
laßt es euch schmecken unter
dem Winterwind, wascht euch das
Blut aus dem Fell,
meine Schuld,
und tummelt euch endlich mit mir
auf den blauen Weiden des Schnees.

Rudolf Franz

Der Wettlauf zwischen dem Hasen und dem Igel

Es war an einem Sonntagmorgen in der Herbstzeit, just als der Buchweizen blühte. Alle Kreaturen waren vergnügt, und der Swinegel auch. Er dachte nicht daran, in die Kirche zu gehen, denn er war im sozialdemokratischen Swinegel-Klub und glaubte an nichts. Swinegel saß vor seiner Tür, rauchte ein Pfeifchen und las im »Vorwärts«; da fiel ihm plötzlich ein, er könne doch mal ins Feld gehen und sehen, wie seine Rüben ständen. In Wirklichkeit waren es gar nicht seine Rüben, aber als Sozialdemokrat schrak er natürlich auch vor Felddiebstahl nicht zurück. Er ging also ins Feld und wollte gerade ein paar Rüben ausreißen, als ein feiner Herr vorbeikam, Herr Hase. Swinegel tat, als wenn er nur seine Pfeife aufgehoben hätte, und erwiderte den höflichen Gruß des feinen Herrn nur mit einem Brummen. Der Herr fing ein Gespräch an und erzählte, daß er hinausgegangen sei, um seinen Kohl zu besichtigen. Wie sie so redeten, kamen sie auch auf ihre Beine zu sprechen, wahrscheinlich Swinegel zuerst, und zwar aus Verlegenheit, weil er ein schlechtes Gewissen hatte. Swinegel renommierte natürlich mit seinen Beinen und behauptete, so schnell wie er könne niemand laufen, auch Herr Hase nicht. Herr Hase verwies ihm das und bot ihm eine Wette an. Da griff Swinegel sofort zu.

»Was gilt die Wette?«

»Ein Goldstück und einen Liter Schnaps!« brüllte Swinegel, denn er war sehr geldgierig und soff gern einen. Es war nämlich vor dem Schnapsboykott, und wenn es nachher gewesen wäre, hätte er ihn einfach gebrochen. Swinegel log nun dem

Herrn vor, er müsse erst noch nach Hause gehen, ein bißchen frühstücken. Damit schob er ab und ließ Herrn Hase warten.

Aber Swinegel war ein heimtückischer Bruder. Zu Hause sagte er seiner Frau Bescheid, er habe mit dem Hasen gewettet. »Mann, bist du verrückt!« schrie das Weib ihn gleich an. »Du mit dem Hasen um die Wette laufen!« Der Swinegel sagte: »Weib, halt das Maul! Zieh dich an und komm mit.« – Denn in der Theorie sind die Roten zwar für die Gleichberechtigung der Frau, in der Praxis machen sie's wie Swinegel und tyrannisieren ihre Weiber.

Unterwegs setzte Swinegel seiner Frau auseinander, was sie zu tun habe. Er wolle in der einen Furche und Herr Hase in der anderen laufen, und sie brauche sich nur am Ende der Furche aufzustellen und jedesmal, wenn Herr Hase in seiner Furche am Ende ankomme, zu rufen: »Ich bin schon da!«

Als sie am Acker anlangten, wo Herr Hase wartete, schlüpfte Madame Swinegel beiseite und kauerte sich in der einen Furche nieder. Ihr Mann ging mit Herrn Hasen ans Ende des Feldes, sie stellten sich auf, und der Hase kommandierte: »Eins, zwei, drei!« Damit sauste er ab. Der Swinegel aber lief nur drei Schritte, duckte sich dann, zog den »Vorwärts« aus der Tasche und las den giftigen Leitartikel. Auch nahm er sich vor, dem Zentralorgan zu berichten, wie er den reichen Unternehmer Hase hineingelegt habe. Denn richtig, als der Ahnungslose in vollem Lauf unten ankam, saß da ein Swinegel und rief: »Ich bin schon da!« Der arme Herr Hase war sehr verblüfft. In der Tat sah das Weib genauso aus wie ihr Mann, weil sie sich schamlos in Männerkleider gesteckt hatte; und im übrigen sehen ja sowieso die Mitglieder einer Partei, die alles gleich machen will, einer aus wie der andere.

Aber Herr Hase ergab sich nicht. »Noch einmal gelaufen!« rief er und sauste dieselbe Furche zurück, daß ihm die Ohren flogen. Frau Swinegel blieb ruhig sitzen, zog die »Gleichheit«

aus der Tasche und ließ sich das sozialdemokratische Gift in die Seele träufeln.

Ihr Mann war nicht wenig erschrocken, als der Hase plötzlich wieder angesaust kam, faßte sich aber schnell, schwenkte höhnisch den »Vorwärts« und rief: »Wo bleiben Sie denn so lange? Ich wollte gerade etwas lesen, um mir die Zeit zu vertreiben.« Das rote Blatt machte Herrn Hase begreiflicherweise erst recht hitzig, er rief: »Nochmal zurück!« und galoppierte davon. »Mir ist's recht. So oft Sie wollen!« schrie Swinegel und machte einen Hopser. Dann duckte er sich und verschlang den Leitartikel noch einmal. Seine Frau aber hatte gesehen, wie er eine Zeitung schwang, und da sie wußte, daß ihr Mann nur den »Vorwärts« lesen durfte (sonst hätte ihn der Parteivorstand ermorden lassen), faßte sie einen teuflischen Entschluß. Als nämlich Herr Hase, diesmal schon ganz atemlos, wieder angehetzt kam, schwenkte sie ihre Zeitung und rief höhnisch: »Diesmal kommen Sie aber sehr spät. Ich habe schon den ganzen ›Vorwärts‹ ausgelesen. Gut, daß ich auch die ›Gleichheit‹ mithabe!« Da ergrimmte Herr Hase in gerechten Zorne und rannte wieder zurück, und von da, weil Swinegel natürlich auch schon da war, abermals zu Frau Swinegel, und so immer hin und her, ohne dem schrecklichen Ehepaar auch nur Zeit zu einer höhnischen Bemerkung zu lassen. So lief Herr Hase dreiundsiebzigmal, und immer stand da der Swinegel mit dem »Vorwärts« oder sein Weib mit der »Gleichheit« und rief: »Ich bin schon lange da!« Aber Herr Hase konnte freilich gar nicht mehr erkennen, was sie für Zeitungen emporhielten, und so merkte er nichts von dem roten Betrug. Als er den vierundsiebzigsten Lauf tat, stürzte er in der Mitte der Strecke hin und war tot: ein trauriges Opfer der sozialdemokratischen Hetzerei!

Gierig stürzten sich Swinegel und Frau auf den toten Herrn Hase, nahmen ihm das Goldstück aus der Westentasche und

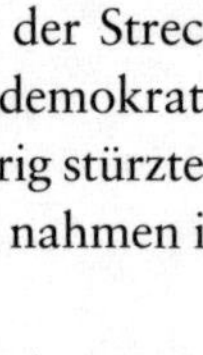

soffen die ganze Literflasche Schnaps in einem Sitz aus. Damit begnügten sie sich aber nicht, sondern sie trugen den Leichnam ihres Opfers, nachdem sie ihn in den »Vorwärts« eingewickelt hatten, nach Hause und hießen auch von Herrn Hases nun verwaistem Kohlfeld ein paar Köpfe mitgehen. Swinegel zog dem toten Herrn Hase die Haut ab, und Madame Swinegel, dieses entmenschte Weib, briet den Leichnam des ermordeten Unternehmers als Sonntagsschmaus.

Dann fraßen sie den armen Herrn Hase auf und bewiesen damit, daß die Sozialdemokratie vor nichts zurückschreckt.

Klabund

Auf ein Kaninchen

Weiße Felle, die ich streicheln durfte:
Vorhang vor dem Heiligtum.
Im Getön der spitzen Ohren schlurfte
Eine Reisigsammlerin: der Ruhm.

Sonne saß im Dschungel deiner Lende,
Wiegte sich als goldne Möwe weit
Auf den Meeren der gekalkten Wände,
Wenn der Hund im Hellen schreit.

Stäbe stürzten: aus den Katakomben
Deiner Höhlung, die das Grüne barg.
Deine Augen, rote Rhomben,
Schliefen in der Müdigkeiten Sarg.

Dich zertrat der große Bernhardiner,
Aus dem Maule schwebte Kohl und Strunk.
Als des Todes allezeit getreuer Diener
Sprangst du pfeifend in die Dämmerung.

Italo Calvino

Das giftige Kaninchen

Wenn der Tag gekommen ist, an dem man das Krankenhaus verlassen soll, dann weiß man dies seit dem frühen Morgen und fühlt sich schon frisch und munter. So schreitet man durch die Säle, fällt in seine gewohnte Gangart, pfeift, kehrt vor den anderen Patienten den Gesunden heraus, nicht, um sich beneiden zu lassen, sondern weil man Vergnügen daran findet, einen ermutigenden Ton zu gebrauchen. Man sieht hinter den Fenstern die Sonne oder den Nebel, falls es neblig ist, man hört die Geräusche der Stadt, und alles ist anders als zuvor, da man Licht und Laute jeden Morgen wie aus einer unerreichbaren Weit hereindringen spürte, wenn man zwischen den Gitterstäben des Krankenbettes aufwachte. Jetzt gehört die Welt da draußen von neuem dem Genesenen; sie erscheint ihm wieder natürlich und gewohnt, und mit einemmal wird er den Krankenhausgeruch gewahr.

So schnupperte eines Morgens der nun bereits genesene Marcovaldo umher, als er darauf wartete, daß man bestimmte Dinge in sein Krankenkassenbuch eintrug, damit er nach Hause gehen konnte. Der Arzt nahm die Papiere, sagte zu ihm: »Warten Sie hier« und ließ ihn allein in seinem Arbeitszimmer. Marcovaldo betrachtete die weißemaillierten Möbel, die er hassen gelernt hatte, die Reagenzgläser voll trüber Flüssigkeiten und suchte sich an dem Gedanken zu begeistern, daß er das alles nun verlassen würde; aber es gelang ihm nicht, die Freude darüber zu empfinden, die er erwartet hatte. Vielleicht war es das Bewußtsein, daß er wieder in die Firma zurückkehren mußte, um weiter Kisten zu entladen, oder der Gedanke an die Schäden, die seine Kinder sicherlich inzwischen angerichtet hatten, vor allem aber war es wohl der Nebel dort draußen, der die Vorstellung erweckte, er müsse ins Leere schreiten, müsse sich in einem feuchten Nichts auflösen. So ließ er die Blicke umherschweifen in dem dumpfen Drang, irgend etwas hier drinnen liebzugewinnen, doch alles, was er sah, weckte in ihm Erinnerungen an Qualen oder Unpäßlichkeiten.

Da entdeckte er ein Kaninchen in einem Käfig. Es war ein weißes Kaninchen, mit langhaarigem, flauschigem Fell, einem kleinen rosa Dreieck als Nase, mit roten verängstigten Augen und nahezu unbehaarten, an den Rücken geschmiegten Ohrlöffeln. Groß war es nicht, jedoch in dem engen Käfig schwellte sein ovaler, kauernder Körper das Drahtnetz und ließ Haarbüschel hervorsprießen, die leicht zitterten. Auf dem Tisch vor dem Käfig lagen Grasreste und eine Karotte. Marcovaldo durchfuhr der Gedanke, wie unglücklich es sein müsse, daß es eingeschlossen war und jene Karotte vor Augen hatte, die es nicht fressen konnte. Und er öffnete ihm die Käfigtür. Das Kaninchen kam nicht heraus, es verhielt sich ruhig, nur die Schnauze bewegte sich ein wenig, als wollte das Tier ein Kauen vorschützen, um Haltung zu bewahren. Marcovaldo ergriff die Karotte, hielt sie ihm dicht vor die Nase und zog sie dann langsam zurück, um es herauszulocken. Das Kaninchen folgte ihm, packte die Karotte umsichtig mit den Zähnen und begann, aus Marcovaldos Hand eifrig daran zu nagen. Der Mann streichelte ihm den Rücken und betastete es, um festzustellen, ob es fett war. Es fühlte sich unter dem Fell ziemlich knochig an. Daraus und aus der Art, wie es an der Mohrrübe zog, war zu schließen, daß es knappgehalten wurde. Wäre es meins, dachte Marcovaldo, ich würde es mästen, bis es rund wäre wie ein Ball. Und er betrachtete es mit dem liebevollen Auge eines Züchters, der die Güte gegenüber dem Tier mit der Vorstellung des Bratens in ein und derselben Seelenregung zu ver-

einen imstande ist. Jetzt, nach so vielen Tagen bedrückenden Aufenthalts im Krankenhaus, entdeckte er, und zwar gerade zu dem Zeitpunkt, da er gehen sollte, ein befreundetes Wesen, das genügt hätte, ihm Stunden und Gedanken auszufüllen, und er mußte es verlassen, um in die neblige Stadt zurückzukehren, wo man keinem Kaninchen begegnet.

Die Karotte war nahezu aufgefressen. Marcovaldo nahm das Tier auf den Arm und bemühte sich, etwas zu finden, was er ihm noch geben könnte. Er hielt die Schnauze des Tieres an eine Geranie in einem Blumentopf, der auf dem Schreibtisch des Arztes stand, aber sie schien dem Tier nicht zu schmecken. In diesem Augenblick vernahm Marcovaldo die Schritte des Arztes. Wie sollte er ihm erklären, weshalb er das Kaninchen in den Armen hielt? Er hatte seine Arbeitsjacke an, die in der Taille eng abschloß. Rasch steckte er das Kaninchen da hinein, knöpfte die Jacke zu, und damit der Arzt diese zuckende Schwellung in der Magengegend nicht sah, schob er es nach hinten, auf den Rücken. Vor Schreck verhielt sich das Kaninchen ganz still. Marcovaldo nahm seine Papiere in Empfang und schob das Kaninchen wieder auf die Brust, denn er mußte sich umdrehen und hinausgehen. So verließ er mit dem Kaninchen unter der Jacke das Krankenhaus und begab sich zu seiner Arbeitsstelle.

»Ach, bist du endlich gesund?« fragte der Abteilungsleiter, als er ihn kommen sah. »Was ist dir denn da gewachsen? Etwa ein Busen?« Er deutete auf die vorspringende Brust.

»Es ist ein warmes Pflaster gegen Krämpfe«, antwortete Marcovaldo.

Plötzlich zuckte das Kaninchen zusammen, und Marcovaldo sprang hoch wie ein Epileptiker.

»Was ist mit dir los?« fragte der Abteilungsleiter.

»Gar nichts, ich habe den Schluckauf«, erwiderte er und schob mit der Hand das Kaninchen auf den Rücken.

»Ich sehe, du bist noch ziemlich angegriffen«, versetzte der Abteilungsleiter.

Das Kaninchen versuchte, am Rücken hochzuklettern, und Marcovaldo zuckte mit den Schultern, um es abzuschütteln.

»Du hast Schüttelfrost. Geh noch für einen Tag nach Hause. Sieh zu, daß du morgen gesund bist.«

Wie ein vom Glück begünstigter Jäger kam Marcovaldo, das Kaninchen an den Ohren haltend, zu Hause an.

»Papa! Papa!« schrien die Kinder und liefen ihm entgegen. »Wo hast du es gefangen? Schenkst du es uns? Soll das ein Geschenk für uns sein?« Sie wollten es ihm auf der Stelle entreißen.

»Da bist du ja wieder«, sagte seine Frau, und aus dem Blick, den sie ihm zuwarf, folgerte Marcovaldo, daß die Zeit seines Krankenhausaufenthalts offenbar nur dazu gedient hatte, neuen Groll gegen ihn aufzuspeichern. »Und was willst du mit diesem lebenden Tier anfangen? Es wird alles beschmutzen.«

Marcovaldo räumte den Tisch ab und setzte das Kaninchen darauf, das sich flach anschmiegte, als wollte es sich unsichtbar machen. »Wehe dem, der es anrührt!« sagte er. »Es ist unser Kaninchen, und bis Weihnachten wird es schön fett werden.«

»Kann es auf den Beinen stehen?« fragte Michelino und versuchte, es auf zwei Pfoten aufzurichten. Dann wollte er wissen: »Ist es denn ein Bock oder eine Zippe?«

Daran, daß es eine Zippe sein könnte, hatte Marcovaldo noch gar nicht gedacht. Sofort hatte er einen neuen Plan: Wenn es ein Weibchen war, mußte man einen Bock ausfindig machen, damit es Junge bekam und man eine Zucht aufbauen konnte. Und schon verschwanden in seiner Phantasie die feuchten Mauern seiner Behausung, und er erblickte einen grünen Bauernhof in weiten Feldern.

Aber es war ein Männchen. Der Gedanke an einen Zucht-

betrieb hatte sich indessen schon in Marcovaldos Kopf festgesetzt. Es war ein Bock, aber ein wunderbarer Bock, dem man nur eine Braut zu suchen brauchte, um sich dann die Jungen, die kommen würden, zu teilen.

»Und was geben wir ihm zu fressen, wenn nicht einmal für uns was da ist?« warf die Frau bissig ein.

»Laß das nur meine Sorge sein«, entgegnete Marcovaldo.

Am nächsten Tag, in der Firma, pflückte er von jeder einzelnen der grünen Pflanzen in den Blumentöpfen, die er allmorgendlich aus den Büros der Direktion heraustragen, besprengen und wieder auf ihren Platz stellen mußte, ein Blatt ab. Es waren breite Blätter, glänzend auf einer Seite, dunkel auf der anderen. Er stopfte sie in die Jacke. Dann, als er eine Angestellte mit einem Blumenstrauß kommen sah, fragte er: »Haben Sie die von Ihrem Verlobten? Und mir schenken Sie keine davon?« So konnte er auch dies in die Tasche stecken. Zu einem Jungen, der gerade eine Birne schälte, sagte er: »Gib mir die Schalen.« Auf

diese Weise, hier ein Blatt, dort eine Schale, hier eine Blüte, hoffte er, den Hunger des Tieres stillen zu können.

In einem bestimmten Moment ließ der Abteilungsleiter ihn holen. Sollten sie bemerkt haben, daß an den Pflanzen Blätter fehlen? fragte sich Marcovaldo, der es gewohnt war, sich stets schuldig zu fühlen.

Beim Abteilungsleiter fand er den Arzt aus dem Krankenhaus vor, ferner waren da zwei Helfer vom Roten Kreuz und ein Polizist. »Hör mal«, sagte der Arzt, »aus meinem Arbeitszimmer ist ein Kaninchen verschwunden. Wenn du etwas darüber weißt, dann darfst du dich nicht dumm stellen. Wir haben ihm nämlich die Keime einer schrecklichen Krankheit eingeimpft, die sich in der ganzen Stadt ausbreiten kann. Ich frage nicht, ob du es aufgegessen hast, denn dann würdest du jetzt nicht mehr unter den Lebenden sein.«

Draußen wartete ein Krankenwagen. Sie stiegen unverzüglich ein und fuhren unter unaufhörlichem Sirenengeheul durch Straßen und Alleen zum Hause Marcovaldos. Auf dem Weg aber blieb eine Spur von Blättern, Schalen und Blumen zurück, die Marcovaldo traurig aus dem Fenster warf.

An jenem Morgen wußte Marcovaldos Frau wirklich nicht mehr, was sie in den Topf tun sollte. Sie betrachtete das Kaninchen, das ihr Mann am Tage zuvor ins Haus gebracht hatte und das jetzt in einem improvisierten Käfig saß, der voll Papierschnipsel war. Es kommt uns wirklich gelegen, dachte sie. Geld ist nicht da, das Monatsgeld ist schon für die Extramedizin draufgegangen, die die Krankenkasse nicht bezahlt, und in den Läden gibt man uns keinen Kredit mehr. An eine Zucht oder einen Weihnachtsbraten ist gar nicht zu denken! Wir lassen Mahlzeiten ausfallen, und da sollen wir noch ein Kaninchen mästen!

»Isolina«, sagte sie zu ihrer Tochter, »du bist schon groß,

du mußt lernen, wie man einen Kaninchenbraten zubereitet. Mach dich nur gleich daran, es zu schlachten und abzuziehen, dann werde ich dir erklären, was du weiter zu tun hast.«

Isolina las gerade ein Heft mit gefühlvollen Geschichten. »Nein«, maulte sie, »übernimm du das Schlachten und das Abziehen, und dann werde ich mir ansehen, wie du es zubereitest.«

»Großartig!« rief die Mutter aus. »Ich bringe es nicht über mich, das Tier zu schlachten. Aber ich weiß, daß das ganz einfach ist, man braucht es nur an den Ohren zu packen und ihm einen kräftigen Hieb ins Genick zu versetzen. Mit dem Abziehen werden wir dann schon sehen.«

»Schlag dir das aus dem Kopf«, entgegnete die Tochter, ohne auch nur von ihrem Heft aufzublicken, lebenden Kaninchen gebe ich keine Hiebe ins Genick. Ich denke auch nicht daran, ihm das Fell abzuziehen.«

Die drei Jungen hatten diesem Gespräch mit großen Augen zugehört.

Die Mutter überlegte eine Weile, sah sie an und sagte: »Kinder ...«

Wie auf ein Kommando wandten die Jungen ihr den Rücken zu und verließen die Stube.

»Kinder, wartet!« rief die Mutter. »Ich wollte euch nur fragen, ob es euch Spaß machen würde, mit dem Kaninchen auszugehen. Wir legen ihm ein schönes Band um den Hals, und dann geht ihr mit ihm ein wenig spazieren.«

Die Jungen blieben stehen und blickten einander an. »Spazierengehen, wohin?« fragte Michelino.

»Nun, ihr könntet ein paar Schritte tun. Ihr könntet die Signora Diomira besuchen, ihr das Kaninchen hinbringen und sie fragen, ob sie es uns nicht bitte schlachten und abziehen könnte, da sie doch so tüchtig ist.«

Die Mutter hatte die richtige Saite angeschlagen: Man weiß,

Kinder lassen sich von dem, was ihnen am meisten gefallen kann, beeindrucken, und an das andere denken sie lieber gar nicht. So fanden sie denn ein langes lila Band, knüpften es dem Tier um den Hals und benutzten es als Leine, die sie einander aus der Hand rissen, wobei sie das widerstrebende und halberwürgte Kaninchen hinter sich herzerrten.

»Sagt Signora Diomira«, rief die Mutter ihnen nach, »sie kann eine halbe Keule für sich behalten, wenn sie es uns schlachtet. Nein, sagt lieber: den Kopf. Na ja, sie soll selbst entscheiden.«

Die Kinder waren kaum draußen, als Marcovaldos Wohnung umstellt und von Krankenpflegern, Ärzten, Wärtern und Polizisten heimgesucht wurde. Marcovaldo war bei ihnen, mehr tot als lebendig. »Ist hier das Kaninchen, das aus dem Krankenhaus weggeschafft wurde? Rasch, zeigt uns, wo es ist, aber faßt es nicht an! Es hat die Keime einer fürchterlichen Krankheit im Leibe!« Marcovaldo führte sie zu dem Käfig, doch er war leer.

»Schon aufgegessen?«

»Nein, nein!«

»Wo ist es?«

»Bei Signora Diomira!«

Die Verfolger nahmen die Jagd wieder auf.

Sie klopften bei Signora Diomira an. »Ein Kaninchen? Was für ein Kaninchen? Seid ihr verrückt geworden?« Als die alte Frau sah, daß ihre Wohnung von Unbekannten in weißen Kitteln und Uniformen, die ein Kaninchen suchten, okkupiert wurde, bekam sie beinahe einen Schlaganfall. Von Marcovaldos Kaninchen hatte sie keine Ahnung.

In der Tat hatten die drei Kinder das Kaninchen vor dem Tode retten wollen; sie hatten vor, es an einen sicheren Ort zu bringen, ein Weilchen mit ihm zu spielen und es dann laufenzulassen. Statt also auf dem Treppenabsatz der Signora Dio-

mira haltzumachen, beschlossen sie, bis auf die Dachterrasse zu steigen. Zu der Mutter wollten sie dann sagen, die Leine sei gerissen, und das Kaninchen sei entwischt. Aber kein Tier schien sich so wenig für eine Flucht zu eignen wie dieses Kaninchen. Es war schon ein Problem, mit ihm all die Treppen zu erklimmen, denn auf jeder Stufe kauerte es sich erschrocken hin. So nahmen sie es schließlich auf den Arm und trugen es wie einen toten Gegenstand.

Auf dem Dachgarten wollten sie es laufen lassen. Es lief nicht. Sie versuchten, es auf einen Sims zu setzen, um zu sehen, ob es wie eine Katze klettern konnte; doch es schien unter Schwindelanfällen zu leiden. Sie versuchten, es auf eine Fernsehantenne zu heben, um festzustellen, ob es balancieren konnte, aber es fiel herunter. Verärgert rissen die Jungen das Band entzwei und ließen das Tier frei, und zwar an einer Stelle, wo ihm die Straßen der Dächer offenstanden: ein abschüssiges und winkeliges Meer. Dann gingen sie fort.

Als das Kaninchen allein war, begann es, sich zu regen. Es probierte ein paar Schritte, blickte sich um, wechselte die Richtung, machte kehrt und hüpfte schließlich in kleinen Sprüngen über die Dächer davon. Es war in der Gefangenschaft geboren, daher hatte sein Freiheitsdrang keine weiten Horizonte, es kannte kein anderes Glück im Leben, als eine Zeitlang ohne

Angst zu sein. Nun konnte es sich bewegen, ohne daß jemand in der Nähe war, der ihm Angst einjagte, so bewegen, wie vielleicht noch nie in seinem Leben. Der Ort war ungewohnt, aber eine klare Vorstellung von dem, was gewöhnlich und was ungewöhnlich war, hatte es sich ja ohnehin nie machen können. Und seit es in seinem Inneren ein unbestimmtes, geheimnisvolles Übel nagen fühlte, hatte es für die ganze Welt immer weniger übrig. So wanderte es über die Dächer, und die Katzen, die es hüpfen sahen, wußten nicht, was es war, und wichen ängstlich zurück.

Indes, der Reiseweg des Kaninchens war in den Dachstuben, an den Dachluken und auf den Altanen nicht unbemerkt geblieben. Manch einer stellte eine Salatschüssel aufs Fensterbrett und spähte durch die Vorhänge, manch anderer warf einen Birnenrest auf die Dachziegel und knüpfte ringsherum eine Bindfadenschlinge, wieder andere legten Mohrrübenstückchen aufs Gesims, eine lange Spur, die bis ans Dachfenster führte. Und durch alle Familien, die unter dem Dach wohnten, lief die Parole: »Heute gibt es geschmortes Kaninchen«, oder: »Kaninchenfrikassee«, oder: »Kaninchenbraten.«

Das Tier hatte diese Geschäftigkeit, die stillschweigenden Futterangebote bemerkt, und obwohl es Hunger hatte, war es mißtrauisch. Es wußte schon: Wenn die Menschen es dadurch locken wollten, daß sie ihm Futter anboten, dann geschah etwas Dunkles und Schmerzhaftes. Entweder bohrten sie ihm eine Spritze ins Fleisch oder ein Messer, oder sie steckten es gewaltsam in eine zugeknöpfte Jacke oder zerrten es an einem Band mit, das am Hals befestigt war ... Die Erinnerung an dieses Ungemach vereinte sich mit dem Unbehagen, das es in sich spürte, mit der allmählichen organischen Veränderung, die es wahrnahm, mit dem Vorgefühl des Todes. Und mit dem Hunger. Aber es schien zu wissen, daß von allen diesen Beschwerden nur der Hunger gelindert werden konnte, und zu erkennen, daß ihm diese treulosen menschlichen Wesen außer grausamem Leid ein Gefühl der Geborgenheit, der Traulichkeit, deren es so sehr bedurfte, zu vermitteln imstande waren; deshalb war es nun entschlossen, sich zu ergeben und auf das Spiel der Menschen einzulassen, einerlei, was nachher kommen würde. So begann es, die Mohrrübenstückchen zu fressen, der Spur folgend, die es, wie es genau wußte, wieder zu einem Gefangenen und Märtyrer machen würde, aber es labte sich vielleicht zum letztenmal an dem irdischen Geschmack des Gemüses. Nun näherte es sich dem Fenster der Dachstube, gleich würde eine Hand vorschnellen, um es zu packen, doch da schloß sich auf einmal das Fenster und ließ es draußen. Das war nun etwas, was seiner Erfahrung ganz und gar widersprach: eine Falle, die es verschmähte zuzuschnappen. Das Kaninchen drehte sich um und hielt nach anderen Zeichen eines Hinterhalts Ausschau, um eins zu wählen, dem zu ergeben es sich schickte. Aber überall wurden die Salatblätter plötzlich zurückgezogen, die Schlingen beseitigt, die spähenden Gesichter wichen zurück, die Fenster und Dachluken wurden zugeschlagen, und die Terrassen entvölkerten sich.

Was war geschehen? Ein Polizeiwagen war durch die Straßen gefahren und hatte durch Lautsprecher verkündet: »Achtung, Achtung! Ein langhaariges weißes Kaninchen, das von einer schweren ansteckenden Krankheit befallen ist, ist entlaufen. Wer es findet, soll wissen, daß das Fleisch dieses Kaninchens vergiftet ist und daß allein eine Berührung schädliche Keime übertragen kann. Jeder, der es sieht, hat seine Wahrnehmungen dem nächsten Polizeirevier, Krankenhaus oder der Feuerwehr mitzuteilen!«

Entsetzen breitete sich auf den Dächern aus. Jeder paßte auf, und wenn er das Kaninchen erblickte, das mit einem sanften Sprung von einem Dach zum anderen hinüberwechselte, gab er Alarm, und alle verschwanden, wie beim Nahen eines Heuschreckenschwarms. Das Kaninchen balancierte über die Gesimse. Das Gefühl der Einsamkeit gerade in einem Augenblick, in dem es sich der Notwendigkeit der menschlichen Nähe bewußt geworden war, schien ihm noch drohender, noch unerträglicher.

Inzwischen hatte der Kalkulator Clorindo, ein alter Jäger, seine Flinte mit Hasenschrot geladen und auf einer Terrasse hinter einem Schornstein Posten bezogen.

Als er in dem Nebel den weißen Schatten des Kaninchens auftauchen sah, schoß er; aber seine Erregung, durch den Gedanken an die Missetaten des Tieres verursacht, war so groß, daß der Schrothagel etwas seitlich auf die Dachziegel prasselte. Das Kaninchen hörte die ganze Ladung abprallen, und ein Kügelchen durchbohrte ihm einen Ohrlöffel. Es begriff: Das war eine Kriegserklärung. Von nun an waren jegliche Beziehungen zu den Menschen abgebrochen. Aus Verachtung ihnen gegenüber, gegenüber dem, was es auf seine Weise als schnöden Undank empfand, entschloß es sich, seinem Leben ein Ende zu machen.

Ein Blechdach fiel schräg ab ins Leere, in das undurchsich-

tige Nichts des Nebels. Das Kaninchen setzte sich mit allen vier Pfoten darauf, anfangs zögernd, aber dann überließ es sich seinem Schicksal. Und so, vom Übel umringt und verschlungen, rutschte es dem Tod entgegen. Am Rand wurde es eine Sekunde lang von der Regenrinne aufgehalten, dann kippte es abwärts ... und landete in den behandschuhten Armen eines Feuerwehrmannes, der oben auf einer Leiter stand. An der Vollendung dieser verzweifelten Geste animalischer Würde gehindert, wurde das Kaninchen in den Krankenwagen gesetzt, der mit hoher Geschwindigkeit ins Krankenhaus fuhr. Auch Marcovaldo saß darin, nebst seiner Frau und seinen Kindern, die sich zur Beobachtung und für eine Reihe von Impfversuchen dorthin begeben mußten.

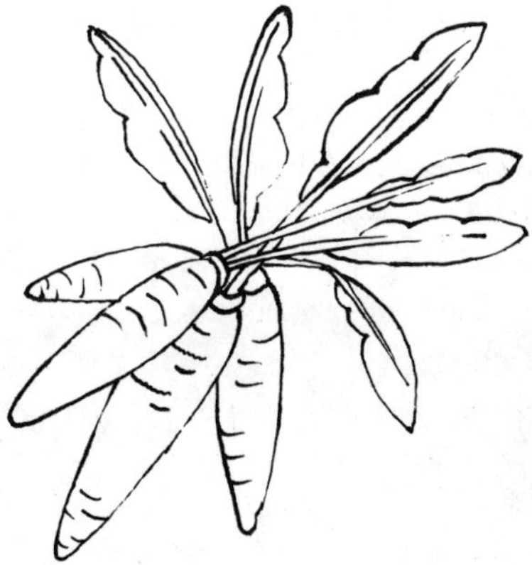

Günter Bruno Fuchs

Der Schneehase

Er
bewohnt
ganz Europa
bis zum Kaukasus. In Sibirien

besteigt er die Eisenbahn
und zieht
die Notbremse, sobald ihm
japanische Baumrinde
winkt. Sie behagt
ihm besser
als jede Fußspur
im Schnee, da muß er
sich ducken, in höchster Eile

holt er
den Winterspaß
aus seiner
weißen Weste, äugt
nach Asien, liest
den Brehm
in Pinselschrift: Schnee-
und Feldhasen
ähneln einander, genauer
gesagt: Diese

Tatsache
hat sogar
den Maler Hokusai
erregt.

Funny van Dannen

Vom Überleben

Der Einsiedler Peter Zutreter war erschüttert.

Bis jetzt hatte er gut für sich und seinen Hasen Ernst Jünger sorgen können. Aber mit Einführung der Waldsteuer war Peter ruiniert, denn vor seiner bescheidenen Hütte standen sieben gewaltige Eichen, und für die sollte er nun viel Geld bezahlen.

»Ach Ernst!« grummelte der wortkarge Einsiedler. »Was soll ich tun?«

Sein kleiner Kamerad sah ihn wie immer mitfühlend an, kapierte aber nichts. Da brannte bei dem sanftmütigen Mann eine Sicherung durch. Er zog sich sein ältestes T-Shirt an und lief ins Dorf, wo er eine Rentnerin verprügelte und zwei Schulkinder zusammenschlug. Erst der herbeigeeilte Postbeamte Ramsäuer konnte ihn durch einen gezielten Tritt stoppen. Aber anstatt Hilfe zu holen, wartete Ramsäuer die Regenerationsphase des Einsiedlers ruhig ab. Er redete freundlich auf ihn ein und erfuhr auch den Grund für Peters abstoßendes Verhalten. Dann traf ihn ein Kinnhaken des Einsiedlers am Hals, und er verlor das Bewußtsein.

Der Einsiedler rannte auf den Bauhof der Gemeinde und brach in einen Schuppen ein. Er entwendete eine Kettensäge und fällte mit ihr die sieben mächtigen Eichen vor seinem Haus. Als die siebte Eiche laut krachend auf die Erde krachte, kam die Polizei mit 15 Jeeps in das unwegsame Gebiet und umzingelte den Einsiedler. Der Einsatzleiter rief: »Peter sei lieb und steig in einen Jeep!«

Das machte den überreizten Mann noch aggressiver, und er rannte mit singender Kettensäge auf den Einsatzleiter zu!

Dessen Kollegen brachten den Amokläufer mit wenigen Schüssen zur Strecke. »Wovon hat der Idiot eigentlich gelebt?« fragte ein Polizist den anderen, als sie die Leiche des Einsiedlers aufluden. »Von Beeren und Pilzen!« lachte der andere.

Währenddessen untersuchte der Einsatzleiter das Häuschen und fand den Hasen. Er packte ihn bei den Ohren und fragte: »Na, mein Kleiner! Wie heißt du denn?«

»Ernst Jünger«, sagte das kuschelige Tier.

»Ist das nicht ein etwas unpassender Name für ein Häschen?« fragte der Beamte und gab das Tier einem Kollegen zur Aufbewahrung, ohne die Antwort abzuwarten. Der Hase sah den Kollegen mit großen Augen an. Er ahnte, daß für ihn ein neues Leben angefangen hatte, und freute sich auf die Zukunft. »Mach dir keine Illusionen!« sprach der Polizist. »Wir liefern dich im Tierheim ab, da kriegst du einen neuen Namen, und wenn dich innerhalb der nächsten 14 Tage niemand haben will, landest du im Römertopf des Heimleiters.«

Ernst Jünger mußte schlucken. »Könnt ihr mich nicht einfach an der nächsten Kreuzung rauslassen?«

»Wie stellst du dir das vor?« fragten die Polizisten. »Wenn die Kollegen sehen, daß wir dich einfach laufenlassen ...«

»Ja, ja!« unterbrach ihn der Hase. »Und wenn ich euch einen blase?«

»Du uns einen blasen?« lachte der Polizist. »Du mit deinen scharfen Zähnen?«

Der Hase schob mit den Vorderläufen seine Lippen auseinander.

»Keine Zähne!?« staunten die Polizisten.

»Keine Zähne«, sagte der Hase. »Der Einsiedler hat sie mir gezogen, er war früher Zahnarzt gewesen.«

Die Polizisten sahn sich an und lachten. So was hatten sie auch noch nicht erlebt: ein sprechender Hase ohne Zähne, der ihnen einen blasen wollte, um frei zu sein!

Natürlich ließen sie ihn nicht laufen. Wie hätte das arme Tier sich allein in freier Wildbahn ernähren können? Sie lieferten ihn vorschriftsmäßig im Tierheim ab. Als sich einer von ihnen Wochen später nach ihm erkundigte, erfuhr er, daß der Heimleiter höchstpersönlich den Hasen adoptiert hatte. Ernst Jünger hieß jetzt Marilyn, wohl wegen der hellen Ohren.

Jean de La Fontaine

Der Hase und die Frösche

Ein Hase in seiner Sasse dachte
(was tut man schon, zumal gedankenlos?)
versunken in der Langeweile Schoß,
von Furcht bedrängt, die ihn sehr traurig machte:
Die von Natur aus ängstlichen Gemüter
sind, meinte er, die rechten Unglücksbrüter;
kaum wissen sie ein Stückchen zu essen, das ihnen schmeckt.
Nie reine Freude; immerzu aufgeschreckt.
So lebe ich: die verdammte Angst
hindert mich gar am Schlaf, es sei denn bei offenen Lichtern.
Dann ändr' es doch, wird mir ein Schlauhirn sagen.
Schüchtern frag' ich: Und die Angst, ändert die sich auch,
wie du's verlangst?
Ich glaube, es haben sicherlich
die Menschen ebensoviel Angst wie ich.
Das war's, was unser Hase überdachte,
während er den Lagerwächter machte.
Furchtsam war er, unruhig auch:
ein Schatten schreckte ihn, ein Nichts, ein Hauch.
Von Schwermut ganz verstört
träumt' er die schlimmsten Dinge. Da hört'
er ein Geräusch: das war ein Zeichen,
sofort in seine Zuflucht zu entweichen.

Er hoppelte an einem Sumpf entlang
und sah, wie Frosch um Frosch ins Wasser sprang,
Schutz suchend in den Grotten unterm Tang.

Oho, ruft da der Hase, ich mache ja apart,
was man mich macht! Auch meine Gegenwart
erschreckt die Leute! Ich rege auf und schlage aus dem Feld.
Und woher kommt mir dieser seltne Mut?
Wie, vor mir zittern Tiere? Das ist gut,
so bin ich denn ein ausgemachter Held!
Auf Erden gibt es keinen Feigling, der am Ende,
ich merk's wohl, nicht noch einen Feigern fände.

Gerhard von Minden

Die Hasen und die Frösche

Einst versammelten sich die Hasen, um darüber zu beraten, wie sie es erreichen könnten, fortan ganz und gar ohne Furcht und Schrecken vor anderen Tieren leben zu können. Einer von ihnen, der den besten Rat fand, begab sich auf einen hochgelegenen Platz und trug seinen Ratschlag ausführlich vor. Lautschallend sprach er zu ihnen: »Man muß der Natur widerstehen und sich ihren Triebkräften entgegenstemmen, bis uns die ständige Gewohnheit zur anderen Natur wird.«

Diesen Ratschlag priesen alle, und sie schworen, sie wollten sich eher das Leben nehmen als die Flucht ergreifen. Indes kamen Jäger mit vielen Hunden angeritten. Sogleich begann (im Gegensatz zu ihrem Vorhaben) eine allgemeine Flucht: Einer stolperte über den anderen, der eine hier, der andere dort. Die große Schar ergriff das Hasenpanier.

Auf ihrer Flucht liefen sie durch einen Wasserlauf. Ihre wilde Jagd brachte eine Menge von Fröschen, die sich dort aufhielten, in Gefahr, so daß sie ihrerseits die Flucht ergriffen.

Als einer der Hasen dies sah, sprach er: »Liebe Freunde, hört auf mich und beruhigt euch. Jener Rat taugt ganz und gar nicht für uns und unser Fliehen. Erkennt es an diesen Fröschen, die töricht vor uns fliehen. Wisset, daß alles, was existiert, Gottes Willen gehorchen muß. So wollen wir denn nach unserer Natur handeln und vor Gefahren das Weite, nicht aber den Tod auf dem Grunde des Wassers suchen. Das scheint mir der beste Rat.«

Handelst du gegen deine Natur, so handelst du schlecht. Durchforsche nur die ganze Welt, so wirst du bestätigt sehen, daß ein jeder seinen Meister findet.

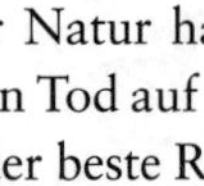

Georg Ringsgwandl

Zum Hasen

Es ist nicht so, daß alle Nager
schon immer kurze Schwänze hatten.
Beim Hasen heute sind sie so,
doch lang noch immer bei den Ratten.

Mir widerstrebt jede Art von leichtfertigem Scherz
über das Langohr.
Häschenwitze sind mir ein Greuel.
Der Hase ist auf dem Rückzug. Der ehrliche Nager läuft
Gefahr, seiner Weidegründe verlustig zu gehen. Er ist nicht
derb genug für die rauhe Art im Land.
Ein schützendes Blätterdach findet sich nicht mehr so leicht
wie früher.
Der Dürer-Hase, knochig und mutig, wenn es sein muß,
klug reagierend auf die Fährnisse seiner Zeit, der sich
abends gern unter einem Strauch versteckt, aber auch bereit
ist zu flüchten, wenn der Wind sich zum Schlechteren dreht,
er sei mein Vorbild.

Der Hase trägt sein Oberkleid
entsprechend stets der Jahreszeit.
Es sei jedoch gesagt zur Warnung:
stets ist des Hasen Qutfit Tarnung!

Robert Burns

Der wunde Hase

Entmenschter Mensch, o möchtest du erblinden!
Dir sei dein Mörderauge ausgefeuert,
Und nie soll dich ein Seufzer Mitleids finden,
Da du die Kunst zum Töten nur geheuert.

Leb, armer Wanderer von Feld und Wiese,
Das bittre Restlein Lebens, das noch dein!
Nie werden Dickicht mehr und Paradiese
Des grünen Felds dir Nahrung, Spielplatz sein.

Verstümmelter, daß dir ein Plätzchen werde,
Der Ruhe nicht mehr, nur ein Ort, zu sterben;
Wo dir zu Häupten Binsen flüsternd beben,
Press'st du die Brust voll Blut zur kalten Erde.

Beim stillen Bächlein zwischen Wald und Ähren
Am kühlen Abend, vor der Morgenau,
Entbehr ich nun dein Gleiten durch den Tau:
Ein Fluch der Menschengier! Fluch den Gewehren!

Hans Magnus Enzensberger/Irene Dische

Esterhazy. Eine Hasengeschichte

An alle Kinder,
die lesen können

Das A in Esterhazy
ist so lang wie ein Hasenohr,
Und das Z ist gar kein Z,
sondern ein S,
so weich wie eine Hasennase.
Merkt euch das!
Und damit ihr es nicht vergeßt,
ruft bitte dreimal
ganz laut:
ESSTER-HAASIE
ESSTER-HAASIE,
ESSTER-HAASIE!

Familien kriegen oft Kinder, man weiß nicht genau, warum. Die Esterhazys haben seit ewigen Zeiten immerzu Kinder gekriegt. Schon vor zweihundert Jahren waren sie wahrscheinlich die größte Familie in ganz Österreich.

Das heißt, eigentlich waren sie gar nicht besonders groß, nur zahlreich. Um die Wahrheit zu sagen, die Esterhazys wurden sogar im Lauf der Zeit immer kleiner und kleiner, weil sie leider nie genug Salat und Karotten aßen, sondern fast nur Pralinen und Torten, Bonbons und Strudel. Und so kam es, daß die Esterhazys, von denen unsere Geschichte handelt, sehr sehr winzig und sehr sehr intelligent waren.

Der regierende Fürst Esterhazy machte sich Sorgen wegen seiner unzähligen Kinder und Kindeskinder. In den Schuhgeschäften wurden sie ausgelacht, weil ihnen sogar die Babyschuhe zu groß waren. Auch mit dem Radfahren hatten sie Schwierigkeiten, weil ihnen der Sattel zu hoch war und weil ihre Pfoten nicht bis zu den Pedalen reichten. Und als der jüngste Esterhazy in einen Papierkorb fiel und nicht mehr herauskam, sagte der Fürst: »So kann es nicht weitergehen! Jetzt muß etwas geschehen.« Drei Tage schloß er sich in sein Zimmer ein und dachte nach. Dann sprach der Fürst: »Ich will alle meine Enkel ins Ausland schicken. Jeder soll in einen anderen Teil der Welt fahren, sich eine große Frau suchen und eine Familie gründen. Denn die Welt ist leider so eingerichtet, daß kleine Hasen kleine Hasenkinder kriegen, während die großen Hasen immer größer und größer werden, so daß ihre Kinder kaum mehr in ihre Kinderbetten passen. Deshalb müssen sich die Esterhazys große Frauen suchen, je größer, desto besser.«

Eines Tages, der Frühling stand vor der Tür, zog der Fürst seinen schönsten weinroten Samtrock an und brachte alle seine Häschen zum Wiener Westbahnhof. »Und vergeßt nicht«, sprach er zu seinen Enkeln, »nur das Beste ist für euch gut genug! Karotten, Salat und Petersilie. Aber frisch muß es sein. Und vor allem: keine Süßigkeiten!«

Die Hasenschar der Enkel jubelte ihm begeistert zu und bewarf den Fürsten mit Schokoladedragées.

Der jüngste aller Esterhazys hieß mit vollem Namen: Seine Erlaucht Michael Paul Anton Maria Prinz Esterhazy der 12 792. von Salatina, gefürsteter Graf zu Karottenstetten, Graf von Endivienstein, Herr auf Petersilienburg, Lauchingen und Rübhofen.

Aber so nannte ihn natürlich kein Mensch und erst recht kein Hase, denn erstens kann niemand einen so langen Namen hersagen, und zweitens werden Hasen immer bei ihrem Familiennamen genannt. Merkt euch das! Deshalb nennen wir unseren Helden von nun an einfach Esterhazy.

Nun war aber Esterhazy, wie gesagt, der jüngste von allen Esterhazys, und deshalb war er auch der letzte, der in die Fremde fuhr. Die Familie hatte beschlossen, daß er sein Glück in Berlin versuchen sollte. Am Abend vor seiner Abreise nahm ihn der Fürst beiseite und gab ihm ein paar besonders gute Ratschläge.

»Jetzt oder nie, mein lieber Enkel«, sagte er. »Wenn du es zu einer richtigen Familie bringen willst, dann mußt du dich nach einer Frau umsehen. Vor allem auf eines mußt du achten: daß sie so groß wie möglich ist. Und noch etwas«, fügte er hinzu, »die Berliner Hasen wohnen alle hinter einer großen Mauer, der Himmel weiß, warum. Aber nur keine Angst! Wer sucht, der findet.«

Esterhazy küßte dem alten Fürsten dankbar die Pfote und stieg in den Schnellzug nach Berlin. Aus dem Fenster sah er seine Großeltern und Eltern, seine Onkel und Tanten, seine Schwestern und seine unzähligen Cousinen, wie sie alle weinend mit ihren Taschentüchern winkten. Dann lehnte er sich aufgeregt und glücklich in die weichen Polster der ersten Klasse zurück.

Es wäre doch gelacht, dachte Esterhazy, wenn ich in dem großen, fernen Berlin keine große, ferne Frau fände; und wenn ich sie gefunden habe, werden wir in Saus und Braus leben.

Als der Zug am Bahnhof Zoo in Berlin ankam, lag ein großes, fernes Lächeln auf seinen Lippen. Aber es war niemand gekommen, um ihn abzuholen, und niemand sah sich nach ihm um.

Der Bahnhof kam ihm ziemlich schäbig und düster vor, und es war sehr kalt. Sonderbare Leute standen da herum. Sie warfen einander böse Blicke zu, und es gefiel Esterhazy gar

nicht, wie hungrig sie dreinblickten. Er hoppelte an endlosen Reihen von Schließfächern vorbei und suchte den Ausgang. Er hüpfte treppauf und treppab, aber nirgends fand er die richtige Tür.

Endlich kam ein großer Hund, der hinter ihm herschnüffelte, einer von der starken, männlichen Sorte, die Esterhazy nicht ausstehen konnte. Der Hund glotzte ihn an und bellte: »Hasen haben auf diesem Bahnhof nichts zu suchen. Wenn du nicht sofort verschwindest, mache ich eine Bulette aus dir.« Dann zeigte er mit der Schnauze auf vier Schwingtüren, die Esterhazy gar nicht bemerkt hatte. Sie gingen direkt auf die Straße.

Alles war hell beleuchtet, und es wimmelte von Autos und Leuten und Ampeln. Esterhazy haßte das Gedrängel, und Läden interessierten ihn nicht. Er spitzte die Ohren und schnupperte überall herum, ob es nicht irgendwo nach Hasen roch. Wie alle Esterhazys war er so kurzsichtig, daß er kaum bis zur nächsten Straßenecke sah.

Der alte Fürst hatte es mit den dicksten Brillen versucht. Bei ihm zuhause lagen überall Brillenfutterale herum, sogar in der Besenkammer und auf dem Klo. Aber am Ende hatte der Augenarzt gesagt: »Bei Ihnen, Durchlaucht, hilft alles nichts.«

Ihr müßt wissen: die meisten Fürsten haben es gern, wenn man sie Durchlaucht nennt. Man weiß nicht genau, warum.

Dem Fürsten Esterhazy aber war es ganz egal, wie man ihn ansprach, und daß ihm keine Brille helfen konnte, das wußte er schon. Aber er war erschrocken, als der Augenarzt ihm sagte: »Und mit Ihrem Enkel ist es noch viel schlimmer. Der ist ein hoffnungsloser Fall, Durchlaucht.«

Seitdem lief Esterhazy ohne Brille herum und verließ sich lieber auf seine Nase.

Also hoppelte er immer seiner Nase nach über den Kurfürstendamm und an der Gedächtniskirche vorbei. Ab und zu stieß er an einen Hydranten, an einen Bettler oder an eine Würstchenbude, immer am Randstein entlang, weil er Angst hatte, die Leute würden auf ihm herumtrampeln. Er horchte und schnüffelte, und er stellte fest, daß es in Berlin zahllose Würstchenbuden, Hunde, Busse und Polizisten gab – aber keine Hasen.

Unterdessen war es hell geworden, und nach ein paar Stunden war Esterhazy ziemlich müde und hungrig. Er erinnerte sich an den guten Rat, den ihm der Fürst gegeben hatte, und suchte nach einer Mauer. Das Dumme war nur, daß es massenhaft Mauern gab, aber hinter diesen Mauern wohnten keine hübschen Häsinnen, sondern nur Berliner.

Aber dann ...

Dann sah Esterhazy ein riesiges Schaufenster mit einem dottergelben Schild, auf dem zu lesen war: DER OSTERHASE KOMMT!

Und darunter saß, auf einem Thron aus grüner Holzwolle, ein hübsches braun-weiß geschecktes Häschen mit einer rosa Schleife um den Hals. Die Berliner, dachte er, können wohl nicht richtig Deutsch. Seit wann schreibt man Esterhazy mit O?

Kaum öffnete sich die Tür des Geschäfts, lief er schnell hinein und sprang mit einem Satz auf den Ladentisch.

»Sie haben da ein wunderbares Häschen im Schaufenster«,

sagte Esterhazy. »Dürfte ich die Dame vielleicht aus der Nähe sehen?«

»Unser letztes Exemplar«, sagte der Besitzer. »Wissen Sie, wegen der vielen weißen Flecken. Niemand mag ein Häschen, das so viele weiße Flecken hat. Das sieht ja aus wie ein Kaninchen. Und dann die rosa Augen! Sie dagegen, mein Herr, sehen wie ein echter Osterhase aus. Osterhasen dürfen nämlich nicht so groß sein, das mag die Kundschaft nicht.«

»Ich bin Österreicher«, sagte Esterhazy stolz.

»Ja, Sie kommen sicher aus einem guten Stall. Das sieht man auf den ersten Blick«, sagte der Besitzer neidisch. Er öffnete die Tür des Käfigs, und der Besucher hüpfte sofort hinein.

»Gestatten, Esterhazy«, sagte Esterhazy höflich.

»Ich heiße Mimi«, sagte die Häsin und sah ihn neugierig aus ihren rosigen Augen an. Sie war ein paar Wochen jünger als ihr Besucher, und trotzdem war sie schon einen ganzen Kopf größer.

»Ich komme aus Wien«, sagte Esterhazy. »Darf ich fragen, wo Sie herstammen?«

»Ach«, antwortete Mimi, »ich komme aus dem Tegeler Forst. Eine wunderbare Gegend!«

»Aber wenn es Ihnen dort so gut gefallen hat, warum sind Sie dann in die Stadt gezogen?«

»Er hat mich geschnappt und hierhergeschleppt«, sagte sie und zeigte auf den Ladenbesitzer. »Meine Brüder und Schwestern hat er schon verkauft.«

Esterhazy war empört. »Ich werde ihm Bescheid sagen, daß er Sie augenblicklich freiläßt«, rief er und griff entschlossen zur Türklinke. Doch zu seinem höchsten Erstaunen mußte er feststellen, daß der Käfig zugesperrt war. Das kommt davon, wenn man den Leuten über den Weg traut, sagte er sich. Wieder einmal war Esterhazy zu gutmütig gewesen. Doch er tröstete sich damit, daß Mimi bei ihm war. Schließlich war das eine gute Gelegenheit, sie näher kennenzulernen, und wer weiß, vielleicht konnte er sogar um Mimis Pfote anhalten und sie heiraten!

Davon träumte Esterhazy. Mimi gefiel ihm so gut, daß er gar nicht bemerkte, was dem Ladenbesitzer eingefallen war. Er hatte über dem Käfig ein Schild aufgehängt, auf dem stand: UNSER SONDERANGEBOT!

Am nächsten Morgen war Esterhazy immer noch so in Gedanken versunken, daß er gar nicht sah, wie ein kleiner Mann mit einem üppigen schwarzen Schnurrbart vor dem Schaufenster stehenblieb und ihn aufmerksam betrachtete. Der Mann betrat den Laden, und bevor Esterhazy auch nur »hopplahopp« sagen konnte, hatte ihn der Verkäufer an den Ohren gepackt und von Mimi getrennt, die im Käfig sitzenblieb und ihm mit ihren rosigen Augen traurig nachsah.

Er landete in einer dunklen Schachtel, die ganz komisch roch und wild hin- und herschaukelte.

Er hatte sich kaum von seinem Schrecken erholt, da hörte er ein lautes Geschrei. Die Schachtel öffnete sich, und der Mann rief: »Alles Gute zum Geburtstag, Eva!« Esterhazy wurde aus der Schachtel geholt und in einem Kreis von kreischenden Kindern abgesetzt. Die Kinder tanzten um Esterhazy herum und klatschten in die Hände. Nur ein Mädchen mit einer großen runden Brille tanzte nicht mit.

»Der ist aber winzig«, sagte sie. »Du hättest mir ruhig einen größeren schenken können, Daddy. Oder ein Moped.« Der Mann, den sie Daddy nannte, seufzte.

»Außerdem«, rief Eva, »riecht er so komisch. Er muß sofort gebadet werden.«

Damit zupfte sie Esterhazy an den Ohren, hob ihn hoch in die Luft und schleppte ihn in ein weißes Zimmer. Die andern Kinder liefen ihr nach, und Esterhazy spürte, wie er in einer heißen Brühe versank. Er zappelte verzweifelt, denn eines müßt ihr euch merken: Alle Hasen sind wasserscheu, und sie können es nicht leiden, wenn man sie badet.

Der Mann mit dem Schnurrbart rettete Esterhazy vor dem Ertrinken. Aber seine Tochter Eva tobte. »Das ist mein Hase!« schrie sie.

»Ich dachte, er ist dir zu klein. Ich dachte, du wolltest lieber ein Moped haben.«

Die Kinder lachten, und Eva warf sich vor Wut auf den Boden. Daddy wickelte Esterhazy in ein großes Handtuch und trug ihn vorsichtig aus dem Badezimmer.

»Hier kannst du wohnen, mein Lieber«, sagte er und setzte ihn in eine große Holzkiste.

Seine neue Wohnung hatte keine Möbel, aber dafür gab es eine Menge alter Zeitungen.

Ja, da saß er nun in seiner Berliner Kiste, und aus lauter Langeweile fing er an, Zeitung zu lesen. Zu seiner Überraschung kamen in den Berliner Zeitungen einfach keine Hasen vor. Immer nur Leute! Dicke Leute, dünne Leute. Weil ihm immer noch langweilig war, aß er sämtliche Schokoladehasen auf, bis nur noch das Silberpapier übrigblieb. Er war so satt, daß er sich nicht mehr von der Stelle rühren konnte. Außerdem hatte er Angst vor Eva.

Am andern Morgen, als Daddy ins Büro ging, wartete Esterhazy, bis er die Haustür aufmachte. Mit einem Satz war er draußen im Garten und lief im Zickzack davon. Nie wieder Eva, dachte er.

Jetzt war Esterhazy ein Berliner, weil er alle Berliner Zeitungen von vorne bis hinten gelesen hatte, auch die Stellenanzeigen. Eine hatte er sich herausgerissen:

Osterhasen

Aushilfsweise gesucht. Gute Bezahlung!

Kaufhaus Wertlos

»Aha«, sagte der Mann, der die Anzeige aufgegeben hatte. »Sie sind also von Beruf Osterhase? Wo haben Sie denn bisher gearbeitet?«

»Ich bin Österreicher. Mein Großvater ist der Fürst Esterhazy«, sagte Esterhazy. »Das dürfte wohl genügen.«

»Ein Esterhazy!« sagte der Mann. »Sehr erfreut. Sie können gleich anfangen.« Die Arbeit war leicht. Esterhazy setzte sich einfach in ein Schaufenster und schaute den Leuten zu, die ihm zuschauten. Er brauchte nur ein wenig herumzuhüpfen oder mit den Hinterläufen zu trommeln oder an einem Salatblatt zu knabbern oder einen Purzelbaum zu schlagen, und schon riefen die Zuschauer: »Wie niedlich!« und klatschten in die Hände.

Am Samstag vor Ostern hatte sich eine riesige Menschenmenge vor seinem Fenster versammelt, und Esterhazy dachte schon daran, eine Gehaltserhöhung zu verlangen.

Am Dienstag ließ ihn der Chef in sein Büro rufen. Er kam hinter seinem Schreibtisch hervor und sagte: »O. k., alter Affe, Ostern haben wir hinter uns. Raus jetzt!« Und so wurde Esterhazy einfach auf die Straße gesetzt.

Draußen war es ziemlich ungemütlich. Überall fuhren Motorräder, die einen entsetzlichen Lärm machten. (Hasen, müßt ihr wissen, haben empfindliche Ohren, und die sind so groß,

daß man sie sich gar nicht zuhalten kann. Und als Hase braucht man seine Pfoten zum Laufen.) Außerdem war es auf der Straße naß, weil es den ganzen Tag lang regnete. (Hasen sind wasserscheu.) Auf der Straße gab es nichts zu essen, außer weggeschmissenen Kaugummis, Bierdosen und Currywürsten. (Hasen mögen so was nicht.)

Also nahm Esterhazy unter einem roten Lieferwagen Platz. Da war es wenigstens trocken. Außerdem fiel ihm ein lieblicher Geruch auf. Er schnupperte und kam zu dem Schluß, daß das Auto nach Sachertorte und nach Apfelkuchen roch.

Er sah sich vorsichtig um und merkte, daß die Tür des Lieferwagens offenstand. Mit einem Satz sprang er hinein. Vorne sah er wie ein Taxi aus, aber hinten war er mit Hunderten von Kuchen beladen. Unter den Kuchenblechen fand Esterhazy eine dunkle, warme Höhle mit Decken, Kissen und alten Zeitungen. Er nibbelte an ein paar Kuchenkrümeln, rollte sich zusammen und schlief ein. Als er aufwachte, war es draußen schon dunkel, und der rote Lieferwagen hielt vor einer Konditorei. Esterhazy fand unter der Decke eine Taschenlampe und schrieb einen langen Brief an den Fürsten.

»*In Berlin gibt es außer mir, glaube ich, nur einen Hasen, oder besser gesagt: eine Häsin. Sie heißt Mimi und ist sehr hübsch und erstaunlich groß. Aber leider ist sie verschwunden. – Die Mauer, die Sie mir empfohlen haben, habe ich nirgends gefunden. Ich glaube, sie steht nur in der Zeitung. Es ist schwierig, hier als Hase Arbeit zu finden. Ein paar Tage lang habe ich in einem Kaufhaus als Osterhase gearbeitet, übrigens mit größtem Erfolg, aber dann hat man mich einfach rausgeschmissen.*

Ich wohne jetzt in einem sehr gemütlichen Lieferwagen. Ihre wertvollen Ratschläge habe ich nicht vergessen, aber da es in einem Auto weder Karotten noch Petersilie gibt, muß ich mich leider von Apfelkuchen und Sachertorte ernähren.«

Der Mann, der das Auto fuhr, sang gerne, hatte lockige Haare und war immer gut aufgelegt. Glücklicherweise war er so schlampig, daß er nie aufräumte. Auch zählte er nie seine Torten nach, und so merkte er nicht, daß jemand in seinem Auto wohnte.

Immer, wenn der Mann die hintere Tür aufmachte, um seine Kuchen ein- und auszuladen, klappte Esterhazy seine Ohren nach hinten und war mucksmäuschenstill.

Das Auto fuhr durch die ganze Stadt und lieferte Kuchen an alle Kioske und Restaurants. Nur die berühmte Mauer war nirgends zu sehen.

So vergingen viele Wochen, und es wurde Sommer.

An einem schönen Samstag wurde Esterhazy durch eine Frauenstimme geweckt.

»Franco! Franco! Heute machen wir einen Ausflug.«

Aha, dachte Esterhazy, er heißt also Franco, und die kleine dicke Mamma, die vor dem Lieferwagen stand, ist vermutlich seine Frau.

»Dein Auto ist ja der reinste Saustall«, sagte sie. »Bevor wir losfahren, werde ich mal richtig saubermachen. Hol mir einen Besen, Pizzi«, sagte sie zu einem kleinen Jungen, der vor dem Haus herumlümmelte.

Dann öffnete sie die hintere Tür und räumte die Kuchenbleche weg.

»Was ist denn das?« rief sie.

Esterhazy war entdeckt.

»Gestatten, Esterhazy«, sagte Esterhazy höflich.

»Che bello!« rief Franco und streichelte ihn.

Auch Pizzi, der kleine Junge, war begeistert.

Sie fuhren auf eine große Wiese. Endlich konnte Esterhazy zeigen, was er für ein toller Läufer war. Wie der Blitz rannte er hin und her. Er war der einzige Hase auf der ganzen Wiese und wurde allgemein bewundert.

Von nun an gehörte Esterhazy zur Familie. Pizzi spielte mit ihm, und Franco fuhr mit ihm durch die ganze Stadt. Er durfte soviel Apfelkuchen essen, wie er wollte, und abends las er die Zeitungen.

Der einzige Nachteil war, daß ihn Franco immer Esterhatschi nannte. Er war nämlich aus Italien, und in Italien heißen alle Esterhazys Esterhatschi.

Naja, dachte Esterhazy, die Italiener wissen es eben nicht besser.

Eines Tages sagte Franco zu seiner Frau: »Heute gehen wir aus.«

»Aber nicht ohne Esterhatschi«, rief Pizzi.

»Einen Hasen kann man doch nicht ins Restaurant mitnehmen«, meinte Francos Frau.

»Warum nicht?« fragte Franco.

Es war ein wunderbares Restaurant, wo man die frischesten Salate und das feinste Gemüse bekommen konnte. Um die Wahrheit zu sagen, Esterhazy hatte die ewige Sachertorte allmählich satt. Er bestellte sich eine große Portion gemischten Salat. Der Kellner war ein finster dreinblickender Ge-

selle. Er sagte: »Heute darf ich Ihnen besonders unseren Hasenbraten empfehlen.«

Esterhazy traute seinen Ohren nicht.

»Wollen Sie damit sagen, daß man hier tote Hasen ißt?« fragte er. »Heute besonders zart«, antwortete der Kellner.

Esterhazy fand das geschmacklos. Demnächst, dachte er, werde ich noch geschlachtet, wenn ich hier sitzen bleibe. Er sprang davon und hoppelte zum Auto. Der ganze Abend war ihm verdorben.

Er schrieb an den Fürsten.

»Ich habe entdeckt, daß es in Berlin Hasenfresser gibt. Von Mimi immer noch keine Spur.«

Es war zum Verrücktwerden. In den Zeitungen war die ganze Zeit von der Mauer die Rede, aber soviel Esterhazy auch mit seinem Freund Franco in der Stadt herumfuhr, überall waren nur Kioske und Konditoreien zu sehen. Nirgends eine ordentliche Mauer!

Endlich faßte er sich ein Herz und fragte seinen Freund: »Franco, sag mal ehrlich: Die Mauer, gibt's die überhaupt?«

Franco lachte. »Ich glaube schon«, sagte er. »Wollen wir mal hinfahren?«

»Ach ja«, sagte Esterhazy. »Bitte!«

Am nächsten Sonntag fuhr die ganze Familie meilenweit durch die Stadt. Es roch nach Herbst. Esterhazy war ganz aufgeregt. Er verkroch sich unter seinen Kissen und deckte sich mit einer Menge alter Zeitungen zu.

Auf einmal hielt der Lieferwagen an.

Eine laute Stimme sagte: »Ihre Papiere!«

Eine andere Stimme sagte: »Was führen Sie an Waren mit?«

»Nichts«, sagte Franco.

»Und was ist das dahinten?«

»Ein paar Apfelkuchen und Sachertorten, alte Decken und Zeitungen, sonst nichts.«

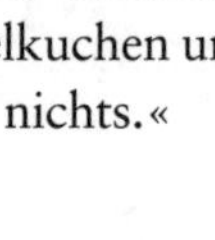

»Ich habe vergessen, sauberzumachen«, sagte Francos Frau.

»Na«, sagte die Stimme, »dann wollen wir mal nachschauen.« Und eine riesige Hand begann in den Decken und Kissen und Zeitungen zu wühlen, unter denen sich Esterhazy versteckt hatte.

Er sprang mit einem einzigen großen Satz aus dem Auto und rannte davon, so schnell er konnte.

»Halt! Stehenbleiben!« rief der Mann mit der lauten Stimme. Er hatte eine grüne Uniform an und sah aus, als würde er jeden Tag einen Hasen essen.

»Esterhatschi! Wo bist du?« rief Franco.

»Komm zurück!« rief Francos Frau.

»Bitte!« rief Pizzi.

Aber Esterhazy war schon so weit fort, daß er sie nicht mehr hören konnte. Er rannte wie verrückt, und als er stehenblieb, sah er die Mauer.

Es war eine endlos lange, graue Mauer, und die Wiese vor der Mauer roch wunderbar.

Sie roch nach Hasen.

»Hallo«, rief eine Hasenstimme. »Kennen wir uns?«

Die ganze Wiese war voller Hasen, und Esterhazy wurde mit Jubel begrüßt. Als die anderen Hasen merkten, daß er ein echter Esterhazy war, waren sie sehr stolz.

»Du hast uns gerade noch gefehlt«, sagten sie. »Komm, wir zeigen dir unsere Höhle.«

Kaum war er in die Höhle geschlüpft, da sah Esterhazy eine sehr schöne, braun und weiß gescheckte Frau. Zuerst war er erschrocken, denn eine so große Häsin hatte er noch nie gesehen.

Aber da warf sie sich schon an seinen Hals.

»Esterhazy! Mein lieber Esterhazy!« rief sie.

»Mimi!« rief er und gab ihr einen Kuß.

Er mußte sich auf die Zehenspitzen stellen, denn sie war fast doppelt so groß wie er.

Aber er erinnerte sich an die guten Ratschläge des Fürsten. Damit ihr größere Kinder bekommt, müßt ihr euch eine besonders große Frau suchen, hatte der Fürst gesagt.

Und außerdem roch Mimi wunderbar.

Dann zeigte ihm Mimi die ganze Höhle und lud ihn in ihre kleine Wohnung ein. Sie erzählte, wie gemütlich das Hasenleben hinter der Mauer war.

Die Soldaten waren extra dazu da, um auf sie aufzupassen, damit sie kein Auto überfahren konnte. Wenn sie ein Butterbrot übrig hatten, warfen sie es den Hasen hin, und manchmal hatten sie auch ein paar Karotten. Natürlich war die Küche nicht so gut wie in Wien, sagte Mimi, aber dafür hatte man hier seine Ruhe.

Postkarte an den Fürsten.

»*Viele Grüße von der Berliner Mauer. Esterhazy und Mimi.*

PS: Es geht uns gut, nur gibt es hier keine Mozartkugeln.«

So lebten die beiden glücklich und zufrieden in ihrer Höhle hinter der Mauer, bis eines Tages, mitten in der Nacht, ein ungeheurer Krach losging. Auf der ganzen Hasenwiese trampelten Hunderte von Menschen herum, und alle schimpften auf die Mauer. Sie hatten Hämmer und Bohrer dabei und fingen an, die Mauer kaputtzumachen.

»Was ist los?« fragte Esterhazy.

»Die Mauer muß weg!« riefen die Leute.

Am nächsten Abend war die ganze Hasenwiese schwarz von Menschen. Überall lagen zerbrochene Bierflaschen herum, und von der Mauer waren nur noch ein paar Trümmer übrig. Die Leute waren außer sich vor Freude, aber Esterhazy und Mimi wußten nicht warum.

»Ohne Mauer«, sagte Mimi, »ist Berlin ziemlich ungemütlich, findest du nicht? Ich meine natürlich, für Hasen.«

»Weißt du, was?« sagte Esterhazy. »Wir ziehen aufs Land.«

Sie sprangen davon, immer weiter und weiter, bis sie die letzten Häuser hinter sich gelassen hatten. Dann setzten sie sich hin, um ein bißchen auszuruhen. »Ich gebe ja zu, daß ich ziemlich klein bin«, sagte Esterhazy. »Aber du könntest mich trotzdem heiraten.«

»Natürlich, du Dummkopf«, sagte Mimi.

Nun müßt ihr wissen, daß es genau sechs Wochen und keinen Tag länger dauert, bis eine Häsin ein paar Hasenkinder kriegt. Und deswegen dauerte es genau sechs Wochen, bis an alle Esterhazys auf der Welt viele tausend Karten verschickt wurden, auf denen in gestochen schöner Schrift zu lesen war:

S. E. MICHAEL PAUL ANTON MARIA PRINZ ESTERHAZY
der 12 792. von Salatina, gefürsteter Graf zu Karottenstetten, Graf von Endivienstein, Herr auf Petersilienburg, Lauchingen und Rübhofen, Kommandant des souveränen Baldrian-Ritterordens, Träger des Großkreuzes zur Goldenen Gurke. etc. etc, und seine Gemahlin
MIMI HELENE LEOPOLDINE FRANZISKA
aus dem Hause Kleefeld-Sauerampfer geben sich die Ehre, zu ihrer größten Freude die Geburt ihrer Söhne:
JOHANN NEPOMUK MORITZ KASIMIR MICHAEL ESTERHAZY
des 12 793.,
FRANZ MARIA NIKOLAUS ALEXANDER MICHAEL ESTERHAZY
des 12 794., und
PHILIPP JOSEPH VALENTIN JULIUS MICHAEL ESTERHAZY
des 12 795.
sowie ihrer Töchter:
MARIA AMALIE KAROLINE MIMI AUGUSTE ESTERHAZY
der 12 796.,
EMILIA JOHANNA ELISABETH MIMI GABRIELE ESTERHAZY
der 12 797., und

THERESIA LEOPOLDINE MIMI JOSEPHA ESTERHAZY
der 12 798.
bekanntzugeben,
Die Taufe findet im engsten Familienkreise am Waldrand statt.
Von Schokoladespenden bitten wir abzusehen.

Und wenn sie nicht gestorben sind, dann leben die Esterhazys vielleicht heute noch, ohne Mauer, aber mit vielen schönen großen braun-weiß gescheckten Hasenkindern, irgendwo am Waldrand, wo es keine Autos, keine Kaufhäuser und keine Restaurants gibt, in denen man Hasen ißt.

Kurt Tucholsky

Fröhliche Ostern

Da seht aufs neue dieses alte Wunder:
Der Osterhase kakelt wie ein Huhn
und fabriziert dort unter dem Holunder
ein Ei und noch ein Ei und hat zu tun.

Und auch der Mensch reckt frohbewegt die Glieder –
er zählt die Kinderchens: eins, zwei und drei …
Ja, was errötet denn die Gattin wieder?
                    Ei, ei., ei
                    ei, ei
                    ei!

Der fleißige Kaufherr aber packt die Ware
ins pappne Ei zum besseren Konsum:
Ein seidnes Schnupftuch, Nadeln für die Haare,
die Glitzerbrosche und das Riechparfuhm.

Das junge Volk, so Mädchen wie die Knaben,
sucht die voll Sinn versteckte Leckerei.
Man ruft beglückt, wenn sies gefunden haben:
                    Ei, ei, ei
                    ei, ei
                    ei!

Und Hans und Lene steckens in die Jacke,
das liebe Osterei – wen freut es nicht?
Glatt, wohlfeil, etwas süßlich im Geschmacke,
und ohne jedes innre Gleichgewicht.

Die deutsche Politik … Was wollt ich sagen?
Bei uns zu Landes ist das einerlei –
und kurz und gut: Verderbt euch nicht den Magen!
Vergnügtes Fest! Vergnügtes Osterei!

Endo Anaconda

Der Osterhas'

Die Nummer eins in Sachen Ostern

Alle lieben Hasi. Er selbst hatte es aber nie einfach mit uns. Früher pflegte man ihn in rauhen Mengen in die Pfanne zu hauen. Heute gibt es sogar Hasenschutzprojekte. Er wird in der Schweiz kaum noch bejagt. Vielerorts ist er ohnehin schon so selten wie das Spitzmaulnashorn.

Nicht die vielen Hunde waren des Hasen Tod. Er hat sich aus dem Staub gemacht, weil wir sein Umfeld umgepflügt haben. Das hat ihn gestört. Er hat sich ins Reich der Märchen zurückgezogen. Von dort schickt er uns alljährlich Armeen von langohrigen Schokogötzen und macht so aus Ostern einen Heidenspaß. Nach Jahrhunderten, in denen er der Hexerei bezichtigt wurde, ist er jetzt wieder unbestritten die Nummer eins in Sachen Ostern. Knapp vor Nummer zwei – dem Ei.

Grinsende Monsterhasen

Mein erster Osterhase war flach wie ein Brett. Ein Riesenkeks, beklebt mit einem Papierbild. Die Abbildung zeigte neben Ostereiern und zwei Kindern einen grinsenden Monsterhasen mit roter Schleife um den Hals. Der Osterhase schien mir neben den Kindern riesengroß. Sein Anblick war furchterregend. Die Hasen, die ich bis anhin zu Gesicht bekommen hatte, waren alle klein und niedlich. Außerdem legten sie keine Eier – höchstens kleine braune Hasenbohnen.

Während ich den Nikolaus sehr bald enttarnt hatte – ich entdeckte sein Kostüm bei der Ostereiersuche auf dem Dachboden –, blieb mir der Osterhase ein Mysterium. »Der Samichlaus ist ein verkleideter Osterhas'!« Diese frühkindliche Erkenntnis sollte mein späteres Leben beeinflussen. Es war mein allergrößter Wunsch, einmal ein richtiges Hasi zu fangen. Es ist mir bis heute nicht gelungen. Das erstaunt nicht, ist doch der Hase ein waschechtes Wildtier. Der Hase ist nicht domestizierbar. Selbst nach generationenlanger Zucht bleibt er in Gefangenschaft äußerst streßanfällig. Ein alter englischer Aberglaube besagt gar, gefangene Hasen würden vor ihrer Schlachtung Selbstmord begehen.

Der Nachbar hielt Hasen in Käfigen. Die Hasenställe wurden für mich zum bevorzugten Aufenthaltsort. Ich fütterte die Tiere mir Löwenzahnblättern. Bis ich eines schlimmen Tages bemerkte, wo der Has' im Pfeffer lag. Der Nachbar erledigte sie reihenweise mit dem Hasentöter, dann nagelte er sie auf ein Brett und zog ihnen das Fell über die Ohren. Hasen sterben still. Könnten sie schreien, dann würde der Osterhase ihre Schreie hören und uns keine Ostereier mehr bringen. Ich, sonst beileibe kein Vegetarier, esse deswegen keinen Hasenbraten. Ich gebe zwar zu, daß ich bei Kaninchen, Schokohasen, Seehasen, falschen Hasen und Bunnyhäschen schon mal schwach geworden bin. Aber hierzulande heißt sowieso alles Hasi, was lange Ohren und große Augen hat.

Der große Hasengeist möge mir verzeihen. Gut zwei Dutzend Hasen bevölkern mittlerweile mein persönliches Umfeld, Bugs Bunny in Variationen, Terrakottahasen auf dem Balkon, eine blaue Hasenlampe im Wohnzimmer, Nippeshasen im Regal, Plüschhasen, Hoppelhasen zum Aufziehen, ein Ölbild mit zwei kämpfenden Hasen und, und – ein Ende der Hasomanie ist nicht abzusehen.

Nur echte Hasen besitze ich keine. Ich würde die Rache des

Osterhasen fürchten. Meister Lampe in freier Natur zu fangen ist ohnehin fast aussichtslos. Er rennt bis zu sechzig Stundenkilometer schnell und schlägt Haken im rechten Winkel. Seinen empfindlichen Löffeln entgeht nichts, seine Rundumsichtaugen sehen jeden Hasenhund von weitem. Er ist ein echter Teufelskerl und schon dort, wenn die anderen noch da sind.

»Hasenbraten macht schön!« sagte meine Oma. Sie stand mit ihrer Meinung nicht alleine da. Papst Zacharias verbot im Jahre 755 den Genuß von Hasenfleisch wegen seiner angeblich erotisierenden Wirkung. Den getrockneten und pulverisierten Geschlechtsteilen der Hasen sagte man aphrodisische Wirkung nach.

Der vitale Nager war so etwas wie das Viagra des Altertums. Tatsächlich: Von Jänner bis tief in den Sommer geht es bei den Hasen immer nur um das eine. Wilde Rammlerboxkämpfe und Verfolgungsjagden bestimmen den Hasenalltag. Ihr Sexualleben entspricht nicht unbedingt dem, was wir Menschen als Kuschelerotik bezeichnen. »Has-core« wäre treffender. Solch wildes Tun bewirkt, daß Familie Hoppel äusserst furchtbar ist. Frau Hase kann bei einer Tragezeit von 41 Tagen vier bis fünf Hasenkinder in die Welt setzen, und das zwei-, drei, ja sogar viermal im Jahr. Nicht nur dieses: Drei bis sieben Tage vor der Setzzeit ist die Häsin schon wieder empfängnisbereit. Doppelt gemoppelt.

Des Hasen Triebleben kann nicht von dieser Welt sein, sagten sich die Altvordern, und der Hoppelmann entging nicht der mythischen Erhöhung vom Feld-und-Wiesen-Nager zum Fruchtbarkeitssymbol. Für einige Indianerstämme schwebt der göttliche Hase gar als Weltschöpfer über den Wassern. Als Opfertier der Aphrodite und der legendären Fruchtbarkeitsgöttin Eostra mußte Meister Lampe im Altertum sein Leben lassen. Im Zuge der Christianisierung wich die Verehrung der Dämonisierung. Seit dem Frühmittelalter ist der Hase als Zau-

bertier die beliebteste Erscheinungsform der Hexen. Selbst der Teufel soll sich gern in Hasengestalt gezeigt haben. Die Hexen benötigten Hasenfett, um ihre Hexensalben herzustellen. Vom Weltenschöpfer zum Satansbraten. Wen wundert's, daß er wie »Harvey«, der imaginäre Hase aus dem Theaterstück, unsichtbar geworden ist.

Wer jedoch dem Hasen das Osterei untergeschoben hat, darüber kann man nur mutmaßen. Der Ursprung des Ostereis verliert sich irgendwo in der Vermischung heidnischer und christlicher Schöpfungsmythen. Das Ei als archaisches Fruchtbarkeitssymbol ist wohl auf diesem Wege in unser Osternest gerollt. Die erste Nennung des eierbringenden Osterhasen stammt aus dem Jahre 1678. Anfangs nur in Teilen Süddeutschlands, dem Elsaß und der Schweiz bekannt, begann der Osterhase seinen Siegeszug um die Welt. Vor ihm hatten andere den Job des österlichen Eierbringers. Esel, Hahn, Kuckuck, Storch, ja selbst der Fuchs, doch keiner war dabei so erfolgreich wie der Hase.

Ein Osterfest ohne Osterhase ist nicht mehr vorstellbar. Der Mümmelmann hat alle Konkurrenten mühelos abgehängt.

Wer einen Blick in all die Schaufenster wirft, muss zugeben: Herr Hase hat seine Aufgabe im Griff. Per Eisenbahn, Osterkutsche, Fahrrad, Motorrad, Dampfschiff oder Tragekorb – das Eiervertriebsnetz des Osterhasen ist global organisiert. Perfekte Hasenlogistik sorgt für die reibungslose und bruchsichere Belieferung von Millionen von Osternestern.

Obwohl die Bestände an wildlebenden Feld- und Schneehasen seit fünfzehn Jahren dramatisch abnehmen, ist der Hase beliebter als je zuvor. Sein kultischer und sein volkswirtschaftlicher Nutzen stehen in keinem Verhältnis zu seinem realen Vorkommen. Einmal im Jahr, zu Ostern, schickt sich das Volk der Hasen an, verlorenes Territorium zurückzuerobern. Geschätzte vierzehn Millionen Schokoladenhasen überfremden alljährlich allein die Schweiz. Über die genaue Stärke dieser Invasionsarmee ist selbst von »Schoggiswiss« (Schweizerischer Verband der Back- und Zuckerwarenindustrie) nichts zu erfahren. Fest steht, die Invasoren sind multikulti – es gibt schwarze, braune und weisse Osterhasen.

Vom Sternbild des Hasen aus Koordiniert der Allhas' die Aktionen seiner Osterguerilla. Der Riesenschreckosterhase meiner Kindheit hat ausgedient. Der Trend geht zu kleineren Hasen. Je kleiner, desto heimtückischer – weil schwieriger zu finden. So plötzlich wie sie kommen, verschwinden sie wieder – im Unterschied zu Nato- und sonstigen Truppen. Dass nichtverkaufte Osterhasen nach dem Motto »Mein Name ist Hase, ich weiss von nichts« zu Nikoläusen umgegossen würden, bestreitet der Herr von Schoggiswiss energisch. Jedes Häschen werde aufgegessen – ratzeputz.

Hasen pflegen ihr Territorium nicht zu verteidigen. Falls es trotzdem »Lämpen« gibt, dann höchstens wegen der Liebe. Der Wildhase liebt den freien Himmel. Er ist im Unterschied zum Wildkaninchen kein Höhlenbewohner. Kraut und Rüben, Kräuter und zarte Gräser, Löwenzahn und Sauerampfer

will er rampfen. Der Hase beäst monatlich dreissig Hektar, um sein Grünzeug zu finden.

Zum Leben braucht er Deckung und Nahrung. Als Luftikus und Leichtfuss ist er sehr flexibel. Sein Problem ist die qualitative Einschätzung, nicht die geographische. Monokultur, Zwangsgrün, abgehackte Hecken und einbetonierte Bäche haben den Hasenfuss in die Flucht geschlagen.
Was nützt seine Fruchtbarkeit?

Wir haben den charmanten Rübenraspler das Maul gestopft. Was nützt noch seine Fruchtbarkeit? Nichts. Der langohrige Lustbolzen ist fort; wir sind noch da. Vielleicht sitzt er irgendwo auf dem fernen Planeten HAS und äugt, richtet seine Feinsens-Öhrchen Richtung Erde und überlegt, ob die Zeit der wirklichen Rückeroberung gekommen ist. Oder er hält sich versteckt. Aber wo?

Vielleicht in Öster-Reich, auf den Oster-Inseln oder auf Coney Island? Er hat sich ins Reich der Märchen zurückgezogen – aber dieses Märchen ist noch lange nicht fertig erzählt. Wir werden vielleicht noch staunen, was uns der Hase als nächstes aus seinem Zylinder zaubert.

Der Dichter Eduard Mö(h)rike, selbst als Angsthase bekannt, schrieb: »Die Sophisten und die Pfaffen stritten sich mit viel Geschrei: Was hat Gott zuerst erschaffen? Wohl die Henne? Wohl das Ei? Wäre das so schwer zu lösen? Erstlich ward ein Ei erdacht. Doch weil noch kein Huhn gewesen, Schatz, so hat's der Has gebracht.«

Nordisches Volksmärchen

Vom Hasen, der verheiratet gewesen war

Es war einmal ein Hase, der ging draußen im Grünen spazieren.

»Ah! Hurra! Hopsassa!« schrie er, hüpfte und sprang, und plötzlich machte er einen langen Purzelbaum; da saß er mitten drin im grünen Salatfeld.

Jetzt kam der Fuchs herbeigeschlichen.

»Guten Tag, Herr Fuchs«, rief der Hase. »Sie müssen wissen, ich bin heute so recht seelenvergnügt! Ich hatte mich verheiratet –«

»Das war ja recht gut«, sagte der Fuchs.

»Ach nein«, entgegnete der Hase, »es war nicht so besonders gut, denn die Frau war nicht mehr die jüngste, und dazu eine böse Seele.«

»Das war gar nicht gut«, sagte der Fuchs.

»O, es war aber auch gar nicht so besonders schlimm, denn sie hatte ordentlich Batzen und überdies ein Haus«; erwiderte der Hase.

»Das war ja gut«, sagte der Fuchs.

»Ach, es war gar nicht so besonders gut«, entgegnete der Hase. »Denn das Haus verbrannte mit all unserem Hab und Gut.«

»Das war ja schlimm«, sagte der Fuchs.

»O, es war nicht einmal so schlimm«, fuhr der Hase fort, »denn die Alte verbrannte auch mit …«

Walter Benjamin

Der enthüllte Osterhase oder kleine Versteck-Lehre

Verstecken heißt: Spuren hinterlassen. Aber unsichtbare. Es ist die Kunst der leichten Hand. Rastelli konnte Sachen in der Luft verstecken.

Je luftiger ein Versteck, desto geistreicher. Je freier es dem Blick nach allen Seiten preisgegeben, desto besser.

Also beileibe nichts in Schubladen, Schränke, unter die Betten oder ins Klavier stecken.

Fairneß am Ostermorgen: Alles so zu verstecken, daß es entdeckt werden kann, ohne daß irgendein Gegenstand vom Fleck bewegt werden muß.

Es braucht darum nicht frei zu liegen: eine Falte in der Tischdecke, ein Bausch im Vorhang kann schon den Ort verraten, an dem man zu suchen hat.

Sie kennen Poes Geschichte vom ›Entwendeten Brief‹? Dann erinnern Sie sich sicher der Frage: »Haben Sie nicht bemerkt, daß alle Menschen, wenn sie einen Brief verstecken, ihn, wenn auch nicht gerade in ein ausgehöhltes Stuhlbein, so doch wenigstens in irgendeinem verborgenen Loch oder Winkel unterbringen?« Herr Dupin, Poes Detektiv, weiß das. Und darum findet er den Brief da, wo sein sehr gerissener Gegenspieler ihn aufbewahrt: nämlich im Kartenhalter an der Wand, vor aller Leute Augen.

Nicht in der ›guten Stube‹ suchen lassen. Ostereier gehören ins Wohnzimmer, und je unaufgeräumter es ist, desto besser.

Im achtzehnten Jahrhundert hat man gelehrte Abhandlungen über die seltsamsten Dinge geschrieben: über Findelkin-

der und Spukhäuser, über die Arten des Selbstmordes und die Bauchrednerei. Ich könnte mir eine übers Eierverstecken ausdenken, die es an Gelehrsamkeit mit den genannten aufnehmen könnte.

Sie würde zerfallen in drei Hauptstücke oder Kapitel. Darinnen würde der Leser bekannt gemacht mit den drei Urprinzipien oder Anfangsgründen aller Verstecke-Kunst.

Ad eins: Das Prinzipium der Klammer. Das wäre die Anweisung zur Ausnutzung von Fugen und Spalten. Der Unterricht in der Kunst, Eier in der Schwebe zu halten zwischen Riegeln und Klinken, zwischen Bild und Wand, zwischen Tür und Angel, in der Öffnung eines Schlüssels so gut wie zwischen den Röhren einer Zentralheizung.

Ad zwei: Das Prinzipium der Füllung. In diesem Kapitel würde man lernen, Eier als Pfropfen auf den Flaschenhals, als Lichter auf den Kerzenhalter, als Staubgefäß in einen Blumenkelch, als Birne in eine elektrische Lampe zu praktizieren.

Ad drei: Das Prinzipium der Höhe und Tiefe. Bekanntlich fassen die Leute zuerst ins Auge, was ihnen in Blickhöhe gegenüber ist; dann schauen sie nach oben, erst ganz zuletzt kümmern sie sich um das, was zu ihren Füßen liegt. Kleine Eier kann man auf Bildleisten balancieren lassen, größere auf dem Kronleuchter, wenn man ihn noch nicht abgeschafft hat. Aber was hat das alles zu sagen im Vergleich mit der Fülle von abgefeimten Asylen, die wir fünf oder zehn Zentimeter überm Fußboden zur Verfügung haben. Da kommt in Gestalt von Tischfüßen, Sockeln, Teppichfransen, Papierkörben, Klavierpedalen das Gras, in das der echte Osterhase allein seine Eier legt, sozusagen in der Großstadtwohnung zu Ehren.

Und da wir einmal bei der Großstadt sind, soll auch ein Trostwort für die noch dastehen, die zwischen spiegelglatten

Wänden in stählernen Möbeln hausen und ihr Dasein, ganz ohne Rücksicht auf den Festkalender, rationalisiert haben. Die mögen sich ihr Grammophon oder ihre Schreibmaschine nur einmal aufmerksam angucken, dann werden sie sehen, daß sie auf kleinstem Raum an ihnen soviel Löcher und Verstecke haben als bewohnten sie eine Siebenzimmerwohnung im Makartstil.

Und nun wäre es gut, diese gewitzte Liste den Kleinen nicht vor Ostermontag in die Hände fallen zu lassen.

Joachim Ringelnatz

Ostermärchen

Am Abend vor Gründonnerstag lag der kleine Fritz mit wachen Augen im Bett und konnte und konnte nicht einschlafen. Beständig mußte er an morgen denken, wo er mit seinen Geschwistern – wie alle Jahre – Ostereier suchen würde. Wieviel es wohl sein und wie sie wohl aussehen und wie groß sie sein würden?

Während er noch darüber nachsann, hörte er plötzlich hinter sich ein feines Stimmchen seinen Namen rufen. Mehr erstaunt als erschreckt, drehte er sich um und sah – einen kleinen Hasen auf dem Stuhl am Kopfende seines Bettes sitzen.

»Mein Name ist Kohlfraß«, sagte das Häschen. »Darf ich Dich zu einem Spaziergang einladen?«

Fritzchen verwunderte sich zwar ein bißchen über den Einfall, jetzt spazieren zu gehen, erklärte sich aber bereit und folgte, nachdem er sich angezogen, dem Häschen, das in schnellem Laufe durch Zimmer und Vorsaal, die Treppen hinunter, zur Stadt hinaus, über Wiesen und Felder voraneilte. Schneller war Fritz noch nie gelaufen. Endlich hielt sein Führer vor einem hohen Felsen. »Dies ist der Osterhasen-Palast«, sagte Kohlfraß. »Hier werden die Eier verfertigt, die wir Hasen dann in den Gärten und Stuben für artige Kinder verstecken. Eigentlich dürfen Kinder hier nicht hinein. Da Du aber besonders brav gewesen bist, so will ich Dir heute einmal alles zeigen.«

Hierauf zog das Häschen aus einem seiner Ohren ein Schlüsselchen hervor, das es in eine Felsritze steckte. Sogleich öffnete sich eine Thüre und sie traten in einen finstern Gang. Plötzlich

ward es hell, und nun standen sie vor einem ungeheueren offenen Thore, durch das man in einen großen, hellen Saal schaute, der wieder in drei kleinere Säle abgeteilt war. Vor dem Thore stand eine Hasen-Schildwache mit einem Gewehre, das sie sofort auf Fritzchen anlegte.

Dieser flüchtete erschreckt hinter seinen Begleiter.

Kohlfraß aber raunte der Schildwache nur ein Wörtchen zu, worauf diese sogleich das Gewehr senkte und ehrerbietig präsentierte. Die zwei traten nun in den ersten Saal.

»Hier werden die Eier gelegt«, erklärte Kohlfraß.

Fritzchen sah mit Staunen: Da kauerten Tausende von Hasen und Häschen am Fußboden, der mit weichem Moos belegt war. Sie hielten sämtlich die Vorderpfoten in die Seiten gestemmt und stöhnten und keuchten ganz schrecklich – das Legen mußte doch sehr anstrengend sein! –, während der Eierhaufen neben einem jeden immer größer und größer wurde. Es waren auch Zuckerhasen darunter, die legten natürlich Zuckereier. Fritzchen sah auch welche aus Marzipan, Chokolade, ja aus Glas – und sogar aus purem Golde! Ging einmal ein Ei entzwei, dann geschah was Schnurriges: Es schlüpfte nämlich sofort ein Häschen daraus, das sogleich fleißig mit legen half. Andere Hasen gingen umher, sammelten die Eier in Körbchen und trugen diese fort.

Fritzchen wurde nun von seinem Begleiter in den zweiten Saal geführt. Hier saßen Tausende von Hasen auf Kohlblättern, große Farbentöpfe neben sich und Pinsel in den Pfoten. Fritzchen bemerkte, daß sie fast alle mit Farbenklexen bespritzt waren. Sie trugen große Brillen auf der Nase, ließen die Ohren hängen und thaten sehr wichtig.

»Die Maler«, erklärte Kohlfraß.

Fritzchen beobachtete mit Vergnügen, wie die langohrigen Künstler mit erstaunlicher Geschwindigkeit die Eier rot, gelb, blau und grün bepinselten, allerlei Figuren hineinkratzten und auf den Zucker- und Chokoladen-Eiern mittels kleiner Spritzen Herzen, Namenszüge und andere Formen aus Zuckerguß anbrachten.

Die auf diese Weise fertiggestellten Eier wurden von anderen Hasen in den dritten Saal geschafft, wo sie, sorgfältig mit Moos umhüllt, in Körbe gepackt und von Hasen-Dienstmännern fortgetragen wurden.

Fritzchen war inzwischen von Kohlfraß in den dritten Saal vor den Osterhasen-König geführt worden.

Dieser, ein Hase von riesenhafter Größe, saß in einer ungeheueren Eierschale, von einer Schar von Hasen-Höflingen umgeben, die alle bei Fritzchens Eintreten aufsprangen und höflich »Männchen« machten – was bei den Hasen dasselbe wie bei unseren Soldaten das Salutieren ist. Seine Majestät hatte erstaunlich lange Ohren, die durch den ganzen Saal reichten und deren er sich ab und zu bediente, einem unfolgsamen Unterthanen eine Ohrfeige zu verabreichen. Er redete übrigens Fritzchen sehr freundlich und leutselig an, riet ihm, immer so brav und gut zu bleiben wie bisher, und überreichte ihm schließlich ein Osterei.

Hocherfreut seinen Dank stammelnd, wollte Fritzchen es entgegennehmen, erfaßte es auch bereits, da – o weh! – entglitt es seiner Hand und zerschlug – klack! – auf dem Fußboden. Sogleich kamen eine Menge Hasen daraus hervor, die fingen an zu legen und legten und legten – ein Ei nach dem andern, in einem fort, in einem fort! Im Nu war der ganze Boden mit Eiern bedeckt. Die Hasen aber legten weiter und immer weiter: Jetzt reichte der Eierhaufen schon bis an Fritzchens Schultern. Und mit einmal ward es ihm schwarz vor den Augen, ihn überkam eine furchtbare Angst, er schrie laut auf und – erwachte.

Er lag in seinem Bette: Alles war verschwunden, bis auf ein kleines Chokoladen-Ei, das er in der Hand hielt. Darauf stand ein *K.* und ein *L*: König Lampe.

Erich Kästner

Der April

Der Regen klimpert mit einem Finger
die grüne Ostermelodie.
Das Jahr wird älter und täglich jünger.
O Widerspruch voll Harmonie!

Der Mond in seiner goldenen Jacke
versteckt sich hinter dem Wolken-Store.
Der Ärmste hat links eine dicke Backe
und kommt sich ein bißchen lächerlich vor.
Auch diesmal ist es dem März geglückt:
Er hat ihn in den April geschickt.

Und schon hoppeln die Hasen,
mit Pinseln und Tuben
und schnuppernden Nasen,
aus Höhlen und Gruben
durch Gärten und Straßen
und über den Rasen
in Ställe und Stuben.

Dort legten sie Eier, als ob's gar nichts wäre,
aus Nougat, Krokant und Marzipan.
Der Tapferste legt eine Bonbonniere.
Er blickt dabei entschlossen ins Leere.
Bonbonnieren sind leichter gesagt als getan.

Dann geht es ans Malen. Das dauert Stunden.
Dann werden noch seidene Schleifen gebunden.
Und Verstecke gesucht. Und Verstecke gefunden:
Hinterm Ofen, unterm Sofa,
in der Wanduhr, auf dem Gang,
hinterm Schuppen, unterm Birnbaum,
in der Standuhr, auf dem Schrank.

Da kräht der Hahn den Morgen an!
Schwupp, sind die Hasen verschwunden.
Ein Giebelfenster erglänzt im Gemäuer.
Am Gartentor lehnt und gähnt ein Mann.
Über die Hänge läuft grünes Feuer
die Büsche entlang und die Pappeln hinan.
Der Frühling, denkt er, kommt also auch heuer.
Er spürt nicht Wunder, noch Abenteuer,
weil er sich nicht mehr wundern kann.

Liegt dort nicht ein kleiner Pinsel im Grase?
Auch das kommt dem Manne nicht seltsam vor.
Er merkt gar nicht, daß ihn ein Osterhase
auf dem Heimweg verlor.

Virginia Woolf

Lappin und Lapinova

Sie waren getraut. Der Hochzeitsmarsch verklang. Die Tauben flatterten. Kleine Jungen in Eton-Blazern warfen Reis; ein Foxterrier trottete über den Weg; und Ernest Thorburn führte seine Braut zum Wagen, mitten durch die kleine neugierige Schar völlig fremder Menschen, die sich in London immer findet, um sich am Glück oder Unglück anderer Leute zu erfreuen. Zweifellos sah er gut aus und sie schüchtern. Mehr Reis wurde geworfen, und der Wagen fuhr davon.

Das war am Dienstag. Jetzt war Samstag. Rosalind mußte sich erst noch daran gewöhnen, daß sie Mrs Ernest Thorburn war. Vielleicht würde sie sich nie daran gewöhnen, Mrs Ernest Irgendwer zu sein, dachte sie, während sie im Erkerzimmer des Hotels am Fenster saß, über den See auf die Berge blickte und darauf wartete, daß ihr Mann zum Frühstück herunterkam. Ernest war ein Name, an den man sich nur schwer gewöhnen konnte. Es war nicht der Name, den sie sich ausgesucht hätte. Ihr wären Timothy, Antony oder Peter lieber gewesen. Er sah auch gar nicht aus wie Ernest. Der Name erinnerte an das Albert Memorial, an Mahagonibuffets, an Stahlstiche vom Prinzgemahl und seiner Familie – kurz, an das Eßzimmer ihrer Schwiegermutter in der Porchester Terrace.

Aber da war er ja. Gott sei Dank sah er nicht aus wie Ernest – oh nein. Aber wie dann? Sie sah ihn kurz von der Seite an. Also, wenn er Toast aß, sah er aus wie ein Kaninchen. Nicht daß man tatsächlich eine Ähnlichkeit hätte sehen können zwischen einem so winzigen scheuen Wesen und diesem

adretten muskulösen jungen Mann mit der geraden Nase, den blauen Augen und dem entschlossenen Mund. Aber das machte die Sache nur noch interessanter. Seine Nase zuckte ein kleines bißchen, wenn er aß. Wie die Nase ihres Kaninchens. Sie beobachtete weiter, wie seine Nase zuckte, und als er sie dann dabei ertappte, wie sie ihn ansah, mußte sie erklären, warum sie lachte.

»Weil du wie ein Kaninchen bist, Ernest«, sagte sie. »Wie ein Wildkaninchen«, fügte sie hinzu und sah ihn an. »Ein Kaninchen auf der Jagd; ein Königskaninchen, ein Kaninchen, das Gesetze aufstellt für alle anderen Kaninchen.«

Ernest hatte nichts dagegen, diese Art von Kaninchen zu sein, und da sie es lustig fand, wenn seine Nase zuckte – er hatte nicht gewußt, daß seine Nase zuckte –, ließ er sie absichtlich zucken. Und sie lachte und lachte; und er lachte auch, so daß die altjüngferlichen Damen und der Angler und der Schweizer Kellner in seinem schmierigen schwarzen Jacket es alle errieten; die beiden waren sehr glücklich. Aber wie lange dauert ein solches Glück? fragten sie sich; und ihre Antworten entsprachen den je eigenen Lebensumständen.

Zur Mittagszeit saß Rosalind auf einem Büschel Heidekraut am See und sagte: »Salat, Kaninchen?« Dabei hielt sie ihm die Salatblätter hin, die zu den harten Eiern gegessen werden sollten. »Komm, friß sie mir aus der Hand«, fügte sie hinzu, und er streckte sich vor und mümmelte den Salat und zuckte mit der Nase.

»Gutes Kaninchen, liebes Kaninchen«, sagte sie und streichelte ihn, wie sie zu Hause ihr zahmes Kaninchen immer gestreichelt hatte. Aber das war absurd. Er war kein zahmes Kaninchen, was er auch immer sonst sein mochte. Sie übersetzte es ins Französische. »Lapin« nannte sie ihn. Aber was er auch immer sonst sein mochte, ein französisches Kaninchen war er nicht. Er war durch und durch englisch – geboren in der Porchester Terrace, erzogen in Rugby; und jetzt Staatsbeamter in Diensten Seiner Majestät. Also versuchte sie es als nächstes mit »Häschen«, aber das ging erst recht nicht. Ein »Häschen« war ein rundlicher weicher komischer Mensch; er war dünn und hart und ernst. Und doch zuckte seine Nase. »Lappin«, rief sie plötzlich; und stieß einen kleinen Schrei aus, als hätte sie genau das Wort gefunden, nach dem sie gesucht hatte.

»Lappin, Lappin, König Lappin«, wiederholte sie. Es schien genau auf ihn zu passen, er war nicht Ernest, er war König Lappin. Warum? Sie wußte es nicht.

Wenn es auf ihren langen einsamen Spaziergängen keinen neuen Gesprächsstoff mehr gab – und es regnete, wie alle warnend vorhergesagt hatten; oder wenn sie, weil es kalt war, abends am Kamin saßen, und die altjüngferlichen Damen fort waren und der Angler auch, und der Kellner nur kam, wenn man nach ihm klingelte, ließ sie ihrer Phantasie freien Lauf und erfand die Geschichte des Lappin-Stammes. Unter ihren Händen – während sie nähte und er las – wurden die Lappins sehr wirklich, sehr lebendig, sehr lustig. Ernest legte die Zeitung weg und half ihr. Es gab die schwarzen Kaninchen und die roten; es gab die feindlich und die freundlich gesinnten. Es gab den Wald, in dem sie lebten, und das umliegende Grasland und den Sumpf. Vor allem aber gab es König Lappin, der keineswegs nur die eine Eigenheit besaß, mit der Nase zu zucken, sondern der mit der Zeit zu einem höchst charaktervollen Tier wurde; Rosalind fand immer neue Qualitäten in ihm. Vor allem aber war er ein großer Jäger.

»Und was«, sagte Rosalind am letzten Tag ihrer Flitterwochen, »hat der König heute gemacht?« In Wirklichkeit hatten sie eine lange Bergtour unternommen, und sie hatte eine Blase an der Ferse bekommen, aber das meinte sie nicht.

»Heute«, sagte Ernest und zuckte mit der Nase, während

er das Ende seiner Zigarre abbiß, »hat er einen Hasen gejagt.« Er hielt inne, zündete ein Streichholz an und zuckte wieder.

»Eine Häsin«, fügte er hinzu.

»Eine weiße Häsin!« rief Rosalind aus, als hätte sie damit gerechnet. »Eine ziemlich kleine Häsin; silbergrau mit großen, hellen Augen?«

»Ja«, sagte Ernest und sah sie so an, wie sie ihn angesehen hatte, »ein eher kleines Tier; mit hervortretenden Augen und zwei herabhängenden Vorderpfoten.« Genau so saß sie da, mit ihrem Nähzeug, das von ihren Händen herabhing; und ihre Augen, die so groß und hell waren, standen zweifellos ein wenig hervor.

»Ach, Lapinova«, murmelte Rosalind.

»Heißt sie so?« fragte Ernest – »die echte Rosalind?« Er sah sie an. Er war sehr in sie verliebt.

»Ja; so heißt sie«, sagte Rosalind. »Lapinova.« Und bevor sie in dieser Nacht zu Bett gingen, war alles genau geregelt. Er war König Lappin; sie war Königin Lapinova. Sie waren das genaue Gegenteil voneinander; er war kühn und entschlossen; sie vorsichtig und unzuverlässig. Er herrschte über die geschäftige Welt der Kaninchen; ihre Welt war ein verlassener, geheimnisvoller Ort, den sie meist bei Mondschein durch-

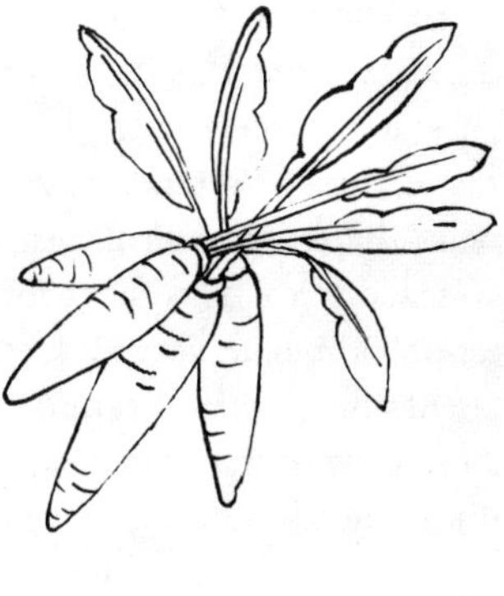

streifte. Trotzdem berührten sich ihre Reviere; sie waren König und Königin.

Als sie aus den Flitterwochen zurückkamen, besaßen sie also eine private Welt, in der bis auf den weißen Hasen nur Kaninchen wohnten. Niemand ahnte etwas von diesem Ort, und das machte das Ganze natürlich noch amüsanter. Das Gefühl, gegen den Rest der Welt verbündet zu sein, war bei ihnen noch ausgeprägter als bei den meisten jungverheirateten Paaren. Oft sahen sie sich heimlich an, wenn von Kaninchen und Wäldern und Fallen und vom Schießen die Rede war. Oder sie zwinkerten sich verstohlen über den Tisch zu, wenn Tante Mary sagte, sie könne keinen Hasen in einer Schüssel liegen sehen – er sehe aus wie ein Baby; oder wenn John, Ernests sportlicher Bruder, ihnen erzählte, welchen Preis Kaninchen diesen Herbst in Wiltshire erzielten, samt Fell und allem. Manchmal, wenn sie einen Wildhüter brauchten oder einen Wilddieb oder einen Gutsherrn, machten sie sich einen Spaß daraus, diese Rollen auf ihre Freunde zu verteilen. Ernests Mutter, Mrs Reginald Thorburn, paßte zum Beispiel hervorragend in die Rolle des Squire. Aber all das war geheim – das war das Entscheidende; niemand außer ihnen wußte von der Existenz dieser Welt.

Wie hätte sie ohne diese Welt, fragte sich Rosalind, diesen Winter überhaupt überstehen können? Da war zum Beispiel die goldene Hochzeit, zu der sich alle Thorburns in der Porchester Terrace zusammenfanden, um den fünfzigsten Jahrestag dieser Verbindung zu feiern, die so gesegnet gewesen war – hatte sie nicht Ernest Thorburn hervorgebracht? und so fruchtbar – hatte sie nicht neun weitere Söhne und Töchter obendrein hervorgebracht, von denen viele verheiratet und ebenfalls fruchtbar waren? Sie hatte Angst vor diesem Fest. Aber es war unausweichlich. Als sie nach oben ging, wurde ihr schmerzlich bewußt, daß sie ein Einzelkind und noch dazu

eine Waise war; ein bloßer Tropfen unter all diesen Thorburns, die in dem großen Salon mit der glänzenden Satintapete und den schimmernden Familienporträts versammelt waren. Die lebenden Thorburns sahen den gemalten sehr ähnlich; nur daß sie statt gemalter Münder echte Münder hatten; aus denen Späße kamen; Späße aus der Schulzeit, wie sie der Hauslehrerin den Stuhl weggezogen hatten; Späße mit Fröschen, die sie unverheirateten Damen zwischen die jungfräulichen Laken gesteckt hatten. Was sie betraf, so hatte sie noch nicht einmal jemandem aus Spaß die Bettücher verknotet. Mit ihrem Geschenk in der Hand ging sie auf ihre Schwiegermutter zu, die in gelbem Satin prangte; und auf ihren Schwiegervater, der mit einer sattgelben Nelke dekoriert war. Überall auf den Tischen und Stühlen um sie herum lagen Achtungsbekundungen aus Gold; manche in Watte eingebettet, andere prächtig wuchernd – Kerzenleuchter; Zigarrenkisten; Ketten; jedes Teil vom Goldschmied mit einem Stempel für solides, echtes, auf den Feingehalt geprüftes Gold versehen. Sie aber hatte als Geschenk nur eine kleine Büchse aus Tombak, in die Löcher gebohrt waren; einen alten Sandstreuer, ein Relikt aus dem 18. Jahrhundert, das man einst benutzte, um Sand auf die nasse Tinte zu streuen. Ein ziemlich sinnloses Geschenk, fand sie – im Zeitalter des Löschpapiers; und als sie es überreichte, sah sie die schwarze Stummelschrift vor sich, in der ihre Schwiegermutter zu ihrer Verlobung der Hoffnung Ausdruck verliehen hatte, »Daß mein Sohn Dich glücklich machen wird«. Nein, sie war nicht glücklich. Kein bißchen glücklich. Sie sah Ernest an, der strack wie ein Ladestock dastand, mit einer Nase, die aussah wie alle Nasen auf den Familienporträts; einer Nase, die überhaupt nie zuckte.

Dann gingen sie hinunter zum Dinner. Sie saß halb verdeckt hinter den großen Chrysanthemen, die ihre rot-goldenen Blütenblätter zu großen festen Kugeln rollten. Alles war golden. Eine goldumränderte Karte mit verschlungenen goldenen Initialen rezitierte die Liste aller Gänge, die sie nacheinander vorgesetzt bekommen würden. Sie tauchte ihren Löffel in einen Teller mit einer klaren goldenen Flüssigkeit. Der naßkalte weiße Nebel draußen war von den Lampen in ein Goldgeflecht verwandelt worden, das die Tellerränder verschwimmen ließ und den Ananasfrüchten eine rauhe goldene Schale verlieh. Nur sie selbst, die in ihrem weißen Hochzeitskleid mit ihren vorstehenden Augen vor sich hin spähte, schien unauflösbar wie ein Eiszapfen zu sein.

Im Laufe des Dinners jedoch wurde der Raum dampfig heiß. Schweißperlen standen den Männern auf der Stirn. Sie fühlte, wie ihr Eiszapfen sich in Wasser verwandelte. Sie zerschmolz; zerstob; löste sich auf in nichts; und würde bald ohnmächtig werden. Da hörte sie durch das Wogen in ihrem Kopf und das Getöse in ihren Ohren eine Frauenstimme rufen, »Aber sie vermehren sich so!«

Die Thorburns – ja; sie vermehren sich so, sprach sie nach; und betrachtete all die runden roten Gesichter, die sich in dem Schwindel, der sie überkam, verdoppelt zu haben schienen; und vergrößert, in dem goldenen Nebel, der sie mit einem Strahlenkranz umgab. »Sie vermehren sich so!«

Da brüllte John: »Die Teufelsbrut! … Totschießen sollte man die! Mit den Stiefeln zertrampeln! Anders wird man mit denen nicht fertig … Kaninchen!«

Bei diesem Wort, diesem magischen Wort, kam wieder Leben in sie. Sie lugte durch die Chrysanthemen und sah Ernests Nase zucken. Sie kräuselte sich, sie zuckte mehrmals hintereinander. Und da brach eine geheimnisvolle Katastrophe über die Thorburns herein. Die goldene Tafel wurde zu einem Moor, wo der Stechginster in voller Blüte stand; das Stimmengewirr verwandelte sich in ein einziges schallendes Juxgelächter, das vom Himmel herabtönte. Es war ein blauer Him-

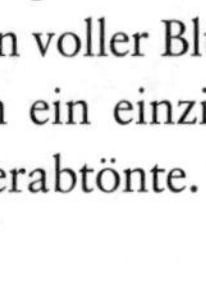

mel – die Wolken zogen langsam dahin. Und sie waren alle verwandelt – die Thorburns. Sie sah ihren Schwiegervater an, einen heimlichtuerischen kleinen Mann mit gefärbtem Schnurrbart. Er hatte eine Schwäche fürs Sammeln – Siegel, Emailledosen, Kleinigkeiten von Toilettentischen aus dem 18. Jahrhundert, die er in den Schubladen seines Arbeitszimmers vor seiner Frau versteckte. Jetzt sah sie ihn, wie er war – ein Wilddieb, der sich davonstahl, den Mantel prall gefüllt mit Fasanen und Rebhühnern, die er heimlich in seiner verrauchten kleinen Hütte in einen dreifüßigen Topf fallen ließ. Das war ihr wirklicher Schwiegervater – ein Wilddieb. Und Celia, die unverheiratete Tochter, die immer die Geheimnisse anderer Menschen herausschnüffelte, die kleinen Dinge, die sie verbergen wollten – sie war ein weißes Frettchen mit rosa Augen und einer Nase, die von ihren schrecklichen Schnüffeltouren unter Tage erdverkrustet war. In einem Netz von Männerschultern herabbaumeln und in ein Loch hinabgestoßen werden – es war ein bedauernswertes Leben – Celias Leben; es war nicht ihre Schuld. So sah sie Celia. Und dann sah sie ihre Schwiegermutter an – die sie den Squire getauft hatten.

Rot, derb, ein Tyrann – sie war all das, wie sie so stand und sich bedankte, aber als Rosalind – das heißt Lapinova – sie jetzt sah, sah sie den zerfallenen Familiensitz hinter ihr, den

Putz, der von den Wänden blätterte, und hörte, wie sie mit einem Schluchzen in der Stimme ihren Kindern (die sie haßten) für eine Welt dankte, die nicht mehr existierte. Plötzlich wurde es still. Sie alle standen mit erhobenen Gläsern da; sie alle tranken; dann war es vorüber.

»Oh König Lappin!« rief sie, als sie zusammen im Nebel nach Hause fuhren, »wenn deine Nase nicht genau in dem Moment gezuckt hätte, hätte ich in der Falle gesessen!«

»Aber du bist in Sicherheit«, sagte König Lappin und drückte ihre Pfote.

»Völlig in Sicherheit«, antwortete sie.

Und sie fuhren zurück durch den Park, König und Königin des Sumpfs, des Nebels und des Moors, das nach Ginster duftete.

So verging die Zeit; ein Jahr; zwei Jahre. Und an einem Winterabend, der zufällig mit dem Jahrestag der goldenen Hochzeit zusammenfiel – aber Mrs Reginald Thorburn war tot; das Haus war zu vermieten; und es wohnte nur noch ein Hausmeister dort – kam Ernest aus dem Amt nach Hause. Sie hatten ein hübsches kleines Heim, die Hälfte eines Hauses über einer Sattlerei in South Kensington, nicht weit von der U-Bahn-Station. Es war kalt, die Luft war neblig und Rosalind saß am Kamin und nähte.

»Stell dir vor, was mir heute passiert ist«, begann sie, sobald er es sich bequem gemacht und die Beine vor dem Feuer ausgestreckt hatte. »Ich überquerte gerade den Bach, als –«

»Welchen Bach?« unterbrach sie Ernest.

»Den Bach unten, wo unser Wald an den schwarzen Wald grenzt«, erklärte sie.

Ernest sah sie einen Augenblick lang völlig verständnislos an.

»Wovon zum Teufel redest du?« fragte er.

»Aber Ernest!« rief sie bestürzt. »König Lappin«, fügte sie

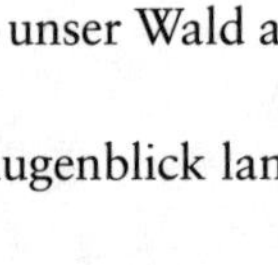

hinzu und ließ ihre kleinen Vorderpfoten im Schein des Feuers baumeln. Aber seine Nase zuckte nicht. Ihre Hände – sie wurden wieder zu Händen – hielten den Stoff umklammert, die Augen traten ihr halb aus dem Kopf. Er brauchte mindestens fünf Minuten, um sich von Ernest Thorburn in König Lappin zu verwandeln; und während sie wartete, fühlte sie etwas Schweres hintem im Genick, als wollte ihr es jemand brechen. Schließlich verwandelte er sich in König Lappin; seine Nase zuckte, und sie streiften den ganzen Abend durch die Wälder, ganz wie sonst auch.

Aber sie schlief schlecht. Mitten in der Nacht wachte sie mit dem Gefühl auf, daß ihr etwas Seltsames widerfahren sei. Sie war steif und fror. Schließlich machte sie Licht und sah Ernest an, der neben ihr lag. Er schlief fest. Er schnarchte. Aber obwohl er schnarchte, blieb seine Nase vollkommen ruhig. Sie sah aus, als hätte sie gar nie gezuckt. War es möglich, daß er wirklich Ernest war; und daß sie wirklich mit Ernest verheiratet war? Sie sah das Eßzimmer ihrer Schwiegermutter plötzlich vor sich; und dort saßen sie, sie und Ernest, gealtert, unter den Stahlstichen, vor dem Buffet ... Es war ihr goldener Hochzeitstag. Sie konnte es nicht ertragen.

»Lappin, König Lappin!« flüsterte sie, und einen Augenblick lang schien seine Nase ganz von selbst zu zucken. Aber er schlief weiter.

»Wach auf, Lappin, wach auf!« rief sie.

Ernest erwachte; und als er sie kerzengerade neben sich sitzen sah, fragte er: »Was ist los?«

»Ich hab gedacht, mein Kaninchen ist tot!« wimmerte sie. Ernest war wütend.

»Red nicht solchen Unsinn, Rosalind«, sagte er. »Leg dich hin und schlaf.«

Er drehte sich auf die andere Seite. Im nächsten Augenblick war er fest eingeschlafen und schnarchte.

Aber sie konnte nicht schlafen. Sie lag zusammengerollt auf ihrer Betthälfte, wie ein Hase in seinem Lager. Sie hatte das Licht ausgemacht, aber die Zimmerdecke wurde von der Straßenlaterne schwach beleuchtet und von den Bäumen draußen mit einem Spitzenmuster bedeckt, so als befände sich ein schattiges Wäldchen an der Decke, in dem sie umherwanderte, sich drehend und wendend, hinein und hinaus und rundherum, auf der Jagd und gejagt, das Hundegebell und die Hörner im Ohr; fliehend, flüchtend ... bis das Dienstmädchen den Vorhang aufzog und den Morgentee brachte.

Am nächsten Tag konnte sie sich auf nichts konzentrieren. Sie schien etwas verloren zu haben. Sie fühlte sich, als wäre ihr Körper geschrumpft; er war klein geworden und schwarz und hart. Auch schienen ihre Gelenke steif zu sein, und als sie in den Spiegel schaute, was sie mehrmals tat, wenn sie in der Wohnung umherging, schienen ihr die Augen aus dem Kopf zu springen, wie die Rosinen in einem Rosinenbrötchen. Die Zimmer schienen ebenfalls geschrumpft zu sein. Große Möbelstücke standen in merkwürdigem Winkel hervor, und sie stieß sich immer wieder an ihnen. Schließlich setzte sie ihren Hut auf und ging hinaus. Sie ging die Cromwell Road entlang; und jedes Zimmer, an dem sie vorbeikam und in das sie spähte, schien ein Eßzimmer mit dicken gelben Spitzenvorhängen und Mahagonibuffets zu sein, in dem Menschen unter Stahlstichen beim Essen saßen. Endlich gelangte sie zum Naturkundemuseum; als Kind war sie dort immer gern gewesen. Aber das erste, was sie sah, als sie jetzt hineinging, war ein ausgestopfter Hase, der mit rosaroten Glasaugen auf Kunstschnee stand. Davon zitterte sie irgendwie am ganzen Körper. Vielleicht würde es besser werden, wenn es dunkelte. Sie ging nach Hause und setzte sich an den Kamin, ohne Licht, und versuchte sich vorzustellen, sie sei allein draußen in einem Moor, und ein Bach rausche vorbei; und jenseits des Baches

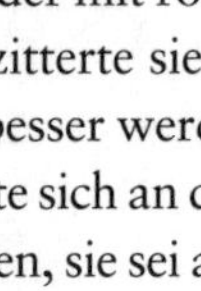

sei ein dunkler Wald. Aber sie gelangte nicht über den Bach hinaus. Schließlich hockte sie sich ans Ufer auf das nasse Gras und saß zusammengekauert in ihrem Stuhl, die Hände baumelten leer und ihre Augen wirkten glasiert, wie Glasaugen, im Feuerschein. Dann krachte plötzlich ein Gewehr ... Sie erschrak, als wäre sie erschossen worden. Es war nur Ernest, der den Schlüssel im Schloß umdrehte. Sie wartete zitternd. Er kam herein und schaltete das Licht an. Da stand er, groß und gutaussehend, und rieb sich die Hände, die vor Kälte rot waren.

»Du sitzt im Dunkeln?« sagte er.

»Ach Ernest, Ernest!« rief sie und sprang von ihrem Sessel auf.

»Was ist denn jetzt los?« fragte er energisch, während er sich die Hände am Feuer wärmte.

»Es ist wegen Lapinova ...«, stammelte sie und blickte ihn aus ihren großen erschrockenen Augen wild an. »Sie ist weg, Ernest, ich hab sie verloren!«

Ernest runzelte die Stirn. Er preßte die Lippen fest zusammen.

»Ach, das ist es also?« sagte er und lächelte seine Frau ziemlich grimmig an. Zehn Sekunden lang stand er schweigend da; und sie wartete und fühlte, wie sich Hände immer fester in ihrem Genick schlossen.

»Ja,« sagte er schließlich. »Arme Lapinova ...« Er zog sich vor dem Spiegel über dem Kaminsims die Krawatte gerade.

»In die Falle gegangen«, sagte er, »getötet«, und setzte sich und las Zeitung.

Das also war das Ende dieser Ehe.

E'n erschrockener Has isch selbst im Himmel nit sicher.

Märchen aus Nigeria

Warum der Hase flieht

Der Mond sprach zum Hasen:

»Geh zu den Menschen und richte ihnen aus: Der Mond läßt euch sagen, daß er stirbt und wieder lebendig wird, so wie ihr ihn jeden Morgen sterben seht und ihn jeden Abend von neuem begrüßt! Auch ihr sollt sterben, um wieder von neuem zu leben.«

Nachdem er diese Worte vernommen hatte, trabte der Hase davon und erreichte bald die Wohnstätten der Menschen.

»Der Mond läßt euch sagen«, rief er ihnen zu, »daß er stirbt und wieder lebendig wird, so wie ihr ihn jeden Morgen sterben seht und ihn jeden Abend von neuem begrüßt! Auch ihr sollt sterben!«

Danach eilte er zurück zum Mond, dem er wörtlich berichtete, was er den Menschen gesagt hatte. Der Mond wurde sehr zornig, als er hörte, daß der Hase seine Botschaft nur unvollkommen weitergegeben hatte. Er nahm eine Axt und wollte mit ihr den Kopf des Hasen spalten, traf aber nur dessen Oberlippe, die noch heute das Zeichen des Streites zwischen Mond und Hasen trägt. Der Hase sprang wütend vor Schmerz in das Gesicht des Mondes und zerkratzte es mit seinen scharfen Nägeln. Seitdem sieht man im Antlitz des Mondes schwarze Streifen, die in Wirklichkeit nichts anderes sind als die Schrammen, die der Hase ihm beigebracht hat. Entsetzt über seine eigene Kühnheit, floh der Hase, sobald er sah, was er getan hatte, und durchläuft noch am heutigen Tage fliehend die Welt.

Pablo Neruda

Ode an das Kind mit dem Hasen

In den Herbstglanz
am Weg
hielt weder Blume noch Lampe
in seinen Händen das Kind,
sondern einen toten Hasen.

Die Motoren liniierten
die eisige Landstraße,
hinter den Scheiben
die Gesichter
blickten nicht auf,
das waren Augen
von Eisen,
feindliche
Ohren,
rasch handelnde Zähne,
die blitzten
hinrollend
zum Meer und den Städten,
und das Kind
des Herbstes
scheu wie eine Distel,
hart
wie ein kleiner Stein,
mit seinem Hasen
dort,

hob
eine Hand
zum Dunsthauch
der Reisenden hin.
Niemand
hielt an.

Fahl lagen
die ragenden Kordilleren,
Hügel
von der Farbe eines verfolgten
Pumas,
dunkelviolettes
Schweigen
rings
und wie
zwei glühende Kohlen
schwarzen
Diamants
waren
die Augen
des Kindes mit seinem Hasen,
stachelscharf zwei
Messerspitzen,
zwei schwarze Messerchen,
das waren die Augen
des Kindes,
das dort,
im ungeheuren Herbst
des Weges verloren,
seinen Hasen anbot.

Francis Stuart

Der weiße Hase

Sie hörten den Wagen die Allee heraufkommen, und Mike lief eilends weg. Er mußte sich noch rasieren und umkleiden, und Hylla mußte Strümpfe anziehen, die nicht zu dem weissen Satinkleid paßten.

Patrick war der einzige, der bereit war, als der Wagen kam.

Dominic stand am Rande des lichten Waldes aus Lärchen und verkrüppelten Eichen, den sie Wildwald nannten, und schaute zu, wie sich die nadelstichfeinen Scheinwerfer auf der Landstraße nach Rosaril näher schlängelten. Er lehnte sich an einen dünnen Baumstamm und sah sehr zerzaust und unordentlich aus. Er trug seine Hausschuhe, denn seine Stiefel waren in dem Zimmer geblieben, in dem Hylla geschlafen hatte. Seine Finger waren von dem mühsamen Abfassen des Zettels, wofür er eine ganze Stunde gebraucht hatte, voller Tintenflecke, und statt eines Gürtels – den er nicht hatte finden können – hatte er sich einen weißen Seidenstrumpf umgebunden, der seine Kordsamthose festhielt.

Lange Zeit stand er so, um zu beobachten, wie der Wagen vom Haus wegfuhr; aber es war inzwischen so hell geworden, daß die Scheinwerfer vermutlich ausgeschaltet waren, und deshalb konnte er nichts sehen. Die Greyhound-Hündin wartete geduldig neben ihm. Manchmal trottete sie ein kleines Stück aufs Land hinaus und erwartete ihn dort, aber wenn er ihr nicht folgte, kehrte sie langsamer zurück. Obwohl die Luft voll aufregender Gerüche war, verließ sie ihn nicht.

Als er sich endlich in Bewegung setzte, ging er nicht aufs Weideland hinaus, wo ein Hase hätte sein können, sondern

in den Wald, der zwar voller Kaninchen steckte, wo sie jedoch noch nie einen Hasen erjagt hatten.

Dominic ging durch den lichten Wald bergauf, und seine Arme schlenkerten, wie sie es immer taten, wenn er tief in Gedanken versunken war.

Er hatte nicht übertrieben, als er auf seinem Zettel angedeutet hatte, daß er nicht bei der Trauung anwesend sein könne, ohne zusammenzubrechen und zu weinen. Andrerseits war er ziemlich stolz darauf, ebenso auf das Gefühl seiner Verlassenheit inmitten des ganzen Jubels, welch letzteren er gewaltig übertrieb. Er stellte sich vor, daß die Hochzeit vom Augenblick an, da die Gesellschaft das Haus verließ, bis weit in den Tag hinein ein einziges langes Freudenfest sein würde, bei dem Gelächter und Gesang, Schmausen und Trinken miteinander abwechselten und nur die kürzeste Pause für das Aussprechen der feierlichen Worte (wie immer sie lauten mochten) übrigließen. Er hielt es für eine Kreuzung zwischen einem Jahrmarkt und dem Trubel bei einem ländlichen Pferderennen, denn das waren die beiden einzigen Feste, die er bisher mitgemacht hatte.

Als er auf dem Gipfel angelangt war, wandte er sich nach Westen und betrat ein offenes Gelände, das als Hügelhang abfiel. Von dort hatte er einen weiten Blick über das Land ringsum. In den Mulden steckten noch Nebelfetzen, die wie die Überreste nach einem Schneefall aussahen, wenn sonst aller Schnee schon weggetaut ist.

Plötzlich war die Prinzessin nicht mehr neben ihm. Er sah sie, sah ihren Stromlinienkörper, wie er über das Gelände flog. Und dort, keine zwanzig Meter, entfloh ein Schatten, und der war weiß!

Dominic begann zu rennen. Sein Herz klopfte so heftig, daß es ihn beinah hinderte, noch schneller zu laufen. Der Weiße Hase! Für ihn war es *der* Weiße Hase, nicht bloss *einer*, weil es für ihn ein fast sagenhaftes Tier geworden war. In seiner Vorstellung war es ein Bild seines eigenen Lebens, wie er bei sich dachte, ohne genau zu wissen, was er damit meinte. Ein Bild auch für Hylla, was für ihn kein Widerspruch war, denn sein Schicksal war irgendwie mit dem ihren verknüpft.

Am Rande der Wildnis vollführte die Prinzessin einen einzigartigen Richtungswechsel, indem sie in vollem Tempo beinah um ihre eigene Länge kehrtmachte und den weißen Hasen aufs freie Gelände zurückjagte. Dominic rannte weiter. Er schrie nicht; er stieß nicht den leisesten Ruf aus. Dafür war seine Aufregung zu groß.

Der Hase lief jetzt bergab, und die Prinzessin schien wie ein tieffliegender Vogel über das beschopfte Gras hinwegzuschiessen. Halbwegs bergab schlug ihre Beute im rechten Winkel einen Haken und sauste auf eine Lücke in der Feldsteinmauer zu. Die Hündin machte eine Wendung, wie Dominic sie noch nie gesehen und nicht für möglich gehalten hatte. Sie schien mit der flinken Drehung eines Bumerangs durch die Luft zu wirbeln, wie wenn die Kurve zum Flug gehörte. Und außer seinem eigenen Keuchen hörte Dominic das leise »Klick« von zuschnappenden Kiefern. Doch der weiße Hase sauste durch die Lücke und so blitzschnell weiter wie das reflektierte Licht, das Dominic manchmal mit einem kleinen Spiegel flink über die Wand oder die Stubendecke huschen ließ.

Gleich hinter der Lücke schlug der Hase abermals einen Haken, doch die Hündin war jetzt nur noch ein oder zwei Meter hinter ihm und wendete so rasch, dass sie zur Stelle war und die Kiefer über dem weißen Schatten zuschnappten. Dann war es still.

Dominics Herz hämmerte, und er rang nach Atem, als er zur Hündin kam, die ihre Beute immer wieder aufgeregt beschnupperte. Er bückte sich und nahm ihr den weißen Hasen weg. Er sah, daß die Augen braun und nicht etwa rot waren,

daß es folglich ein echter weißer Hase war, nicht bloß ein gewöhnlicher Hase im seltenen Schneekleid. Die Hündin verhielt zitternd, und Dominic fuhr ihr mit der Hand über ihren langen, schmalen Kopf.

Jetzt tat es ihm leid, daß sie ihre Beute abgewürgt hatte. Doch das durfte er sie nicht merken lassen. Sie hatte gejagt, wie kein andrer Greyhound in Irland je gejagt hatte, und er war so stolz auf sie, daß es ihm fast die Brust sprengte. Doch mächtiger noch als sein Stolz auf sie war das jähe Gefühl unendlichen Kummers um den weißen Hasen, der wie ein Wunder aus dem grauen, schicksalsvollen Morgen aufgetaucht und mit dem es jetzt aus und vorbei war. Er erblickte in ihm ein Zeichen, dessen Bedeutung er nur halb erriet. Es war sein Schicksal, und es war Hylla. Beide würden sich verwirklichen, beide würden für einen flüchtigen Augenblick eins werden – und dann aus und vorbei. Es würde das Ende sein. Das war es, was er hineindeutete, und es genügte ihm. Er verstand es hinreichend; besser wollte er es nicht verstehen. Und da er es verstand, war er froh und gleichzeitig bange.

Lange Zeit stand er so, den weißen Hasen auf seinen Armen. In weiter Ferne sah er jenseits der Felder mit den Nebelfetzen die Galway-Bucht. Allmählich ließ das Keuchen der Hündin nach, und auch Dominics Herz schlug ruhiger.

Schließlich drehte er sich um und kehrte in den Wald zurück. Dort in der Wildnis unter feuchten Birkenblättern und lockerem Humus begrub er den weißen Hasen. Es kostete ihn große Überwindung, ihn nicht im Triumph nach Rosaril zu bringen. Denn was für ein Triumph wäre es für die Prinzessin gewesen, und sogar für ihn selbst. Doch er fand, man sollte keinen Triumph daraus machen. Es mußte ein großes Geheimnis bleiben. Er teilte es nur mit dem stürmischen, flinken Geschöpf, das so schön war und es nie ausplaudern konnte.

Er bezeichnete die Stelle so, daß er allein darum wußte, und ging langsam und die Arme schlenkernd bergab nach Rosaril – sein helles Gesicht nun wieder ganz blaß.

Henry Miller

Eine weiße Häsin mit langen Ohren

»Es ist vorüber.« Das war's, was in meinen Gedanken vorging, als ich ihr mit der Hand über das Haar strich. Nie war ich weiter von ihr entfernt. Während ich ihren Körper unter meinen Händen zucken spürte, beruhigte mich zugleich der Gedanke, wie gelassen sie eine Woche nach meinem Fortgehen sein würde. Du wirst dich wie neugeboren fühlen, dachte ich bei mir. Jetzt jedoch mußt du durch all dieses Leid hindurch – gewiß, das ist verständlich und natürlich, es ist nicht deine Schuld – aber bringe es hinter dich! Wie um meinen Gedanken Nachdruck zu geben, mußte ich sie wohl gerüttelt haben, denn in diesem Augenblick richtete sie sich plötzlich auf, sah mich mit wilden, hoffnungslosen, tränenfeuchten Augen an, warf die Arme um mich und zog mich in einer ungestümen, rührseligen Umarmung an sich. »Du willst mich doch nicht sofort verlassen?« schluchzte sie und küßte mich mit salzigen, gierigen Lippen. »Bitte, leg deine Arme um mich. Halt mich fest! Mein Gott, ich fühle mich so verloren.« Sie küßte mich mit einer Leidenschaft, die ich nie vorher an ihr gekannt hatte. Sie legte Leib und Seele hinein – und den ganzen Kummer, der zwischen uns stand. Ich schob meine Hände unter ihre Achseln und zog sie sanft hoch. Wir waren einander so nah, wie es Liebende nur sein können, schwankten, wie nur das Menschentier schwanken kann, wenn es sich einem anderen ganz hingibt. Ihr Kimono klaffte auf, und sie war nackt darunter. Ich ließ meine Hand über ihren Rücken gleiten, über ihre plumpen Hinterbacken, zwängte meine Finger tief in den großen Spalt, drückte sie an mich, saugte an

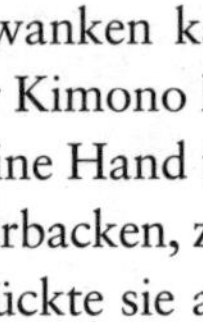

ihren Lippen, biß in ihre Ohrläppchen, ihren Nacken, leckte ihre Augen und ihre Haarwurzeln. Sie wurde schlaff und schwer, schloß die Augen, hörte auf zu denken. Sie sackte zusammen, als sei sie im Begriff, zu Boden zu sinken. Ich fing sie auf, trug sie durch die Diele die Treppe hinauf und warf sie aufs Bett. Wie betäubt fiel ich über sie und ließ sie meine Sachen abstreifen. Ich lag auf dem Rücken wie ein Toter, das einzige Lebendige an mir war mein Schwanz. Ich fühlte ihren Mund sich über ihm schließen und den Socken an meinem linken Fuß langsam heruntergleiten. Ich strich mit den Fingern durch ihre langen Haare, legte sie ihr um die Brüste, knetete ihren Bauch, der weich und elastisch war. Sie machte eine Art von kreisender Bewegung im Dunkeln. Ihre Beine kamen über meine Schultern herab, und ihr Schlitz war an meinen Lippen. Ich hob ihren Hintern über meinen Kopf, so wie man einen Milchkübel hochheben würde, um seinen Durst zu stillen, und trank und kaute und schlemmte wie ein Raubvogel. Sie war so sehr in Hitze, daß ihre Zähne gefährlich um die Eichel meines Pints geschlossen waren. In dieser hemmungslosen, von heißen Tränen befeuerten Leidenschaft, in die sie sich hineingesteigert hatte, mußte ich fürchten, daß sie ihre Zähne tief in ihn hineinschlagen und sein Ende glatt abbeißen würde. Ich mußte sie kitzeln, damit sie ihre Kiefer lockerte. Danach war es schnelle, saubere Arbeit – keine Tränen, kein Liebesgetue, kein Versprich mir dies und jenes. *Leg mich auf den Fickblock und fick mich!* das war's, was sie wollte. Ich legte mit kaltblütiger Raserei los. Dies war vielleicht der allerletzte Fick. Sie war bereits eine Fremde für mich. Wir begingen Ehebruch, auf jene leidenschaftliche, blutschänderische Art, von der die Bibel gerne spricht. Abraham beschälte Sara oder Leander – und er *erkannte* sie. (Seltsame Kursivschrift in der englischen Bibel.) Aber die Art und Weise, wie diese geilen alten Patriarchen ihre jungen und alten

Frauen, ihre Schwestern, Kühe und Schafe hernahmen, zeugte von großer Erfahrung. Sie müssen kopfüber drauflosgegangen sein, mit aller Schlauheit und Geschicklichkeit betagter Lüstlinge. Ich kam mir vor wie Isaak, vögelte eine Häsin im Tempel. Es war eine weiße Häsin mit langen Ohren. Sie hatte Ostereier in sich und würde sie eines nach dem anderen in ein Körbchen legen. Während ich ihn tief in ihr hatte, erforschte ich nachdenklich jede Spalte, jeden Schlitz und jede Furche, jedes der weichen, runden Pölsterchen, die einer sich zusammenziehenden Auster glichen. Sie rückte zur Seite und ruhte ein wenig aus, betastete sich mit neugierigen Fingern, als lese sie Blindenschrift. Sie kauerte auf allen vieren nieder wie ein weibliches Tier, bebend und wiehernd vor unverhohlener Lust. Kein menschlicher Laut kam von ihr, sie schien nur dieser Sprache fähig und keine andere zu kennen. Der Gentleman aus Mississippi war vollständig verschwunden. Er war in die sumpfige Vorhölle zurückgeschlichen, die den bleibenden Boden der Kontinente bildet. Ein Schwan war übriggeblieben, ein Mischling mit einem Achtel Negerblut, dessen rubinrote Entenlippen an einem blaßblauen Kopf hingen. Bald würden wir aus dem vollen schöpfen, ein einziger Orgasmus, wo es Pflaumen und Aprikosen vom Himmel regnete. Der letzte Stoß, eine Kaskade erstickter, weißglühender Asche – und dann zwei nebeneinanderliegende Holzstämme, die auf die Axt warten. Ein schönes Finish: *Royal flush.* Ich *erkannte* sie, und sie *erkannte* mich. Es wird wieder Frühling werden und Sommer und Winter. Sie wird in eines anderen Armen schwanken, blind drauflosficken, wiehern, einen Orgasmus haben, sich hinkauern und ducken – aber nicht mit mir. Ich habe meine Pflicht getan, die letzten Runden mit ihr gemacht. Ich schloß die Augen und spielte tot für die Welt. Ja, wir würden lernen, ein neues Leben zu führen, Mara und ich. Ich muß früh aufstehen und den Brief in meiner Jackentasche verstecken. Es ist manchmal seltsam, wie man mit Liebschaften Schluß macht. Man glaubt immer, man werde das letzte Wort mit einem schwungvollen Schnörkel ins Hauptbuch eintragen. Man rechnet nie mit dem Automaten, der das Konto abschließt, während man schläft. Es ist die perfekte doppelte Buchführung. Es läßt einen schaudern, es ist alles so hübsch berechnet.

Die Axt fällt. Ein letztes Grübeln. Flitterwochen-Expreß und alle an Bord: Memphis, Chattanooga, Nashville, Chickamauga. Vorbei an schneeigen Baumwollfeldern ... Alligatoren gähnen im Schlamm ... die letzte Aprikose verfault auf dem Rasen ... der Mond ist voll, der Wassergraben tief, die Erde finster, finster, finster.

Wilhelm Busch

In einem Baumstamm

In einem Baumstamm, unten hohl,
Da sitzt der Has und fühlt sich wohl.
Ein Igel, dem der Ort gefiel,
Möcht auch hinein, weil's draußen kühl.
Der Hase, voller Gütigkeit,
Macht höflich Platz und rückt beiseit.
Doch kaum ist er beiseit gerückt,
Fühlt er bereits, daß ihn was prickt.
Und plötzlich so geprickelt hat's,
Er muß heraus mit einem Satz.
Oh, unverschämtes Stacheltier!
Aha, der Fuchs ist auch schon hier.
Zwar gleich macht sich der Igel dick
und zieht sich in sich selbst zurück.
Der Fuchs, der gern den Igel frißt,
weiß aber, was zu machen ist.
Und weiß, wie man ihn fassen kann,
und schüttelt und verzehrt ihn dann.
Hier liegt die Haut, ganz hohl und leer.
Den Hasen, scheint's, erfreut es sehr.
Doch innerlich, so wie man sieht,
Ging ihm die Sache zu Gemüt.
Gottlob, nun sitzt der Has
Gemütlich wieder, wo er saß.

Wer **zwei** Hasen
hetzt,
fängt gar keinen.

Anton Tschechow

Zwei Hasen auf einmal jagen

An einem Juniabend, die Sonne war bereits untergegangen, doch ein rotgoldener Streifen ihres Lichts färbte noch den fernen Westen und kündete einen stillen, klaren nächsten Tag, ritt ich auf meiner Stute Sorka bei dem von Urbenin bewohnten Seitenflügel des gräflichen Hauses vor. Beim Grafen sollte der angekündigte »musikalische Abend« stattfinden. Die Gäste trafen bereits ein, der Graf weilte jedoch nicht im Hause. Er war ausgeritten, hatte aber versprochen, bald zurückzukehren.

Ich wartete, mein Pferd am Zügel, vor der Hauseingangstreppe und plauderte mit Urbenins Tochter Sascha. Urbenin selbst saß auf einer Stufe und blickte, den Kopf auf die Fäuste gestützt, durch das offene Tor in die Ferne. Er wirkte vergrämt, auf meine Frage hatte er nur widerwillig geantwortet. So hatte ich mich Sascha zugewandt.

»Wo ist denn deine neue Mama?« fragte ich sie.

»Die ist mit dem Grafen ausgeritten. Das macht sie jeden Tag.«

»Ja, jeden Tag«, murmelte Urbenin seufzend.

Sein Seufzer besagte viel. In ihm lag der gleiche unbestimmte Argwohn, der auch mich bewegte und den ich mir vergebens zu erklären versuchte, so daß ich mich den verschiedensten Mutmaßungen hingab.

Jeden Tag ritt Olga mit dem Grafen aus. Aber das war es nicht. Undenkbar, daß sich Olga in den Grafen verliebte, Urbenins Eifersucht war unbegründet. Zumindest konnten wir, er und ich, nicht auf den Grafen eifersüchtig sein, es mußte

etwas anderes dahinterstecken, das ich lange nicht durchschaute. Dieses »andere« stand zwischen mir und Olga wie eine Mauer. Sie liebte mich weiterhin, doch nach ihrem Besuch war sie höchstens noch zweimal bei mir gewesen, und wenn wir uns außerhalb meiner Wohnung trafen, zeigte ihr Antlitz stets eine seltsame Röte; all meinen Fragen aber wich sie hartnäckig aus. Meine Zärtlichkeiten erwiderte sie leidenschaftlich, aber doch mehr und mehr nur momentan aufwallend und fast ängstlich, so daß mir von unseren letzten kurzen Begegnungen nur quälendes Unverständnis im Gedächtnis blieb. Sie hatte kein reines Gewissen, das war klar, aber warum und weshalb, das verriet ihr schuldbewußtes Antlitz nicht.

»Ich hoffe, es geht deiner neuen Mama gut?« fragte ich Sascha.

»Ja. Aber in der Nacht hat sie Zahnschmerzen gehabt. Da hat sie geweint«, erwiderte die Kleine in ihrer kindlichen Redeweise.

»Sie hat geweint?« Urbenin sah Sascha an. »Hast du das gesehen? Sicher hast du es nur geträumt, mein Liebes.«

Die Zähne waren es gewiß nicht gewesen. Wenn Olga geweint hatte, dann nicht vor Schmerzen, sondern aus einem anderen Grunde. Ich hätte gern noch mit Sascha geredet, kam aber nicht mehr dazu: Hufschlag ertönte, und bald erblickten wir einen ungelenk im Sattel hüpfenden Reiter neben einer graziösen Amazone. Um vor Olga meine Freude zu bemänteln, nahm ich Sascha auf den Arm, fuhr ihr mit den Fingern durch das blondgelockte Haar und küßte sie auf den Kopf.

»Du bist hübsch, Sascha«, sagte ich. »Was du für schöne Locken hast!«

Olga sah flüchtig zu mir hin, erwiderte schweigend meinen Gruß und begab sich, auf den Arm des Grafen gestützt, ins Haus. Urbenin stand auf und folgte den beiden.

Nach fünf Minuten kam der Graf wieder heraus. Er war in Hochstimmung wie nie zuvor. Sein Gesicht schien geradezu verjüngt.

»Du kannst mir gratulieren!« sagte er und nahm mich kichernd beim Arm.

»Wozu?«

»Ich habe gewonnen! Noch ein solcher Ausritt, und ich entblättere diese Blume, das schwöre ich dir beim Staube meiner edlen Ahnen.«

»So hast du sie bis jetzt noch nicht entblättert?«

»Nein, aber es war nahe daran. Zehn Minuten lang ging's schon mit ›deiner Hand in meiner Hand‹«, er sang die Melodie, »und sie hat sie nicht zurückgezogen, ich konnte sie küssen! Doch reden wir morgen weiter, jetzt müssen wir gehen. Ich werde erwartet. Ach ja, eins wollte ich noch mit dir besprechen, mein Lieber. Sag mal, Verehrtester, stimmt es, daß du, nun, daß du gewisse hinterhältige Absichten bezüglich Nadeshda Kalinina hegst?«

»Warum?«

»Wenn es so wäre, dann will ich dir nicht ins Gehege kommen. Einem anderen ein Bein zu stellen gehört nicht zu meinen Regeln. Solltest du allerdings nichts in dieser Hinsicht vorhaben, dann natürlich. ...«

»Ich habe nichts vor.«

»Merci, mein Bester.«

Der Graf träumte davon, zwei Hasen auf einmal zu erjagen, offenbar völlig überzeugt, daß ihm dies auch gelingen werde. Und ich beobachtete an jenem Abend seine Pirsch. Sie war dumm, und sie reizte zum Lachen wie eine gute Karikatur. Wer immer die Sache mit ansah, konnte nur schmunzeln oder sich allenfalls über die Niedertracht des Grafen empören; niemand aber hätte geglaubt, daß der knabenhafte Eroberungsversuch einige der beteiligten Personen in den sittlichen

Niedergang, in den Tod und gar ins Verbrechen treiben sollte.

Der Graf erlegte nicht nur zwei Hasen, sondern mehr. Ihr Fell und ihr Fleisch aber bekam er dennoch nicht.

Ich sah ihn heimlich Olgas Hand drücken, bemerkte aber auch, daß Olga ihm zwar freundlich zulächelte, doch hinter seinem Rücken eine verächtliche Grimasse zog. Einmal küßte er ihr sogar in meinem Beisein die Hand, wohl um zu zeigen, daß es zwischen ihm und mir keine Geheimnisse gebe.

»Ein blöder Kerl!« flüsterte Olga mir ins Ohr, ihre Hand abwischend.

»Hör mal, Olga«, sagte ich zu ihr, als der Graf weg war, »mir scheint, du hast mir etwas mitzuteilen. Stimmt's?«

Ich sah sie prüfend an. Sie errötete und blinzelte erschrocken wie eine beim Diebstahl ertappte Katze.

»Olga«, sagte ich streng, »du mußt es mir sagen! Ich verlange es.«

»Ja, ich muß mit dir reden«, erwiderte sie leise, meine Hand pressend. »Ich liebe dich, ich kann ohne dich nicht leben, aber ... komm bitte nicht mehr zu mir, Liebster! Vergiß deine Liebe und sage wieder Sie zu mir. Es geht so nicht weiter. Ich kann nicht mehr. Zeig auch gar nicht, daß du mich liebst.«

»Aber warum denn?«

»Ich möchte es so. Die Gründe brauchst du nicht zu wissen, ich sage sie dir nicht. – Mein Mann kommt. Laß mich allein.«

Ich ging jedoch nicht, so daß sie von sich aus das Gespräch abbrechen mußte. Sie nahm den Arm ihres Mannes, nickte mir mit einem scheinheiligen Lächeln zu und entfernte sich.

Der zweite Hase des Grafen, Nadeshda Kalinina, sah sich an diesem Abend Karnejews besonderer Zuvorkommenheit gewürdigt. Der Hausherr schwänzelte fortwährend um die Tochter des Friedensrichters herum, erzählte ihr Anekdoten, witzelte und kokettierte mit ihr, während sie, blaß und verquält, den Mund zu einem gekünstelten Lächeln verzog. Kalinin, ihr Vater, beobachtete die beiden die ganze Zeit, strich seinen Bart und hüstelte bedeutsam. Er sah Karnejews Anbiederungsversuche nicht ungern. Womöglich bekam er einen Grafen zum Schwiegersohn! Was konnte diesem Provinzbonvivant mehr schmeicheln als ein solcher Gedanke? Er war, seit der Graf Nadeshdas Gunst zu erwerben trachtete, in seinen eigenen Augen um einen ganzen Arschin gewachsen. Mit welch großspurigen Blicken maß er mich, wie hämisch räusperte er sich, wenn er mit mir redete, als wollte er sagen: Ja, mein Lieber, du warst wählerisch und hast uns sitzenlassen, aber damit triffst du uns nicht! Wir haben jetzt einen Grafen!

Auch am Abend darauf weilte ich wieder auf dem Gutshof. Diesmal sprach ich nicht mit Sascha, sondern mit ihrem Bruder, dem Gymnasiasten. Der Junge ging mit mir in den Park und schüttete mir dort sein Herz aus, dazu veranlaßt durch meine Frage, wie er denn mit seiner »neuen Mutter« auskomme.

»Sie ist ja eine gute Bekannte von Ihnen«, begann er und knöpfte nervös an seiner Schüleruniform. »Vielleicht sagen Sie ihr alles wieder, aber ich habe keine Angst. Meinetwegen erzählen Sie ihr, soviel Sie wollen. Sie ist böse und gemein.«

Er berichtete, daß Olga ihm sein Zimmer weggenommen und die alte Amme davongejagt habe, die schon zehn Jahre bei den Urbenins Kinderfrau gewesen war, und daß sie immerfort schimpfe und zanke.

»Gestern haben Sie das Haar meiner Schwester Sascha gelobt. Sie hat schönes Haar, nicht? Wie Flachs. Das hat sie ihr heute morgen abgeschnitten.«

Aus Eifersucht! dachte ich bei mir, nach einer Erklärung für Olgas Eingriff in das ihr fremde Metier des Friseurs suchend.

»Sie war offenbar neidisch, weil Sie nicht ihr, sondern Saschas Haar schön gefunden haben.« Der Junge bestätigte meinen Gedanken. »Auch Vater hat unter ihr zu leiden. Er gibt schrecklich viel Geld für sie aus, vernachlässigt seine Arbeit und fängt sogar schon wieder an zu trinken. Ja, es geht wieder los. Dabei ist sie so eine dumme Gans! Den ganzen Tag heult sie, daß sie in einem winzigen Seitenflügel in Armut leben müsse. Was kann denn Vater dafür, daß er nicht soviel Geld. hat?« Der Knabe erzählte mir noch viel Trauriges. Er sah alles das, was sein verblendeter Vater nicht bemerkte oder sich nicht eingestehen wollte. Vor seinen Augen wurden sein Vater, seine Schwester und die alte Kinderfrau gedemütigt. Sein ureigenstes kleines Zuhause war ihm genommen worden, wo er seine Bücher aufgestellt und seine selbstgefangenen Stieglitze gefüttert hatte. Für all das hegte seine dumme, allmächtige Stiefmutter nur kränkende Verachtung und Spott. Dennoch hätte der bedauernswerte Junge wohl selbst im Traum nicht an eine so schreckliche Kränkung geglaubt, wie sie die junge Frau noch am selben Abend, nicht lange nach meinem Gespräch mit ihm, in meinem Beisein seiner Familie zufügte. Diese neue Tat stellte alles andere in den Schatten, selbst Saschas abgeschnittene Haare waren im Vergleich dazu nur eine belanglose Bagatelle.

Ich saß zu später Stunde beim Grafen. Wir tranken, wie gewöhnlich. Der Graf war völlig betrunken, ich hingegen noch ziemlich nüchtern.

»Heute hat sie mir schon erlaubt, sie mal so unversehens um die Taille zu fassen«, lallte er. »Morgen werde ich also noch weiter vorstoßen.«

»Und was macht Nadeshda? Wie steht's mit der?«

»Wir schreiten voran! Bei ihr bin ich aber erst am Anfang. Wir erleben gerade das Stadium der verstohlenen Blickt. Ich liebe es, Bruder, in ihren traurigen schwarzen Augen zu lesen. Es steht etwas in ihnen geschrieben, das man mit Worten nicht wiedergeben, sondern nur mit dem Herzen verstehen kann. – Trinken wir noch einen?«

»Du gefällst ihr demnach, wenn sie die Geduld aufbringt, stundenlang mit dir zu plaudern. Und ihrem Vater behagst du auch.«

»Dem Herrn Papa? Du meinst diesen alten Einfaltspinsel? Haha! Der blöde Kerl denkt, ich hätte ernste Absichten.« Karnejew hustete und leerte sein Glas. »Er bildet sich ein, ich heirate sie. Abgesehen davon, daß ich das gar nicht kann, ist es ja, richtig betrachtet, viel anständiger von mir, wenn ich sie bloß verführe und nicht auch noch heirate. Ein Leben mit einem ständig betrunkenen, hustenden alten Mann – brrr! Als mir angetraute Frau würde sie verkümmern oder am nächsten Tag davonlaufen. – Was ist denn das für ein Lärm?«

Wir sprangen beide auf. Mehrere Türen schlugen fast gleichzeitig zu, und Olga stürzte zu uns herein. Sie war bleich wie Schnee und zitterte wie eine heftig angerissene Saite. Ihre Haare waren zerzaust, die Augen schrecklich geweitet. Aufgeregt atmend, hielt sie mit der Hand ihren leichten Morgenmantel über der Brust zusammen.

»Olga, was ist mit dir?« fragte ich und faßte sie erblassend am Arm.

Meine unwillkürliche Anrede in der zweiten Person hätte

den Grafen wundern müssen, aber er hörte sie gar nicht. Ein einziges großes Fragezeichen, sah er Olga mit offenem Mund und vorquellenden Augen an wie ein Gespenst.

»Was ist passiert?« fragte ich.

»Er schlägt mich!« erwiderte Olga und sank schluchzend in einen Sessel. »Er hat mich geschlagen!«

»Wer?«

»Mein Mann! Ich kann nicht mehr mit ihm leben. Ich bin weggelaufen.«

»Empörend!« Der Graf schlug mit der Faust auf den Tisch. »Was nimmt er sich heraus? Das ist Tyrannei, das ist ... weiß der Teufel, was das ist! Seine Frau zu schlagen! Warum hat er das getan?«

»Für nichts und wieder nichts«, erklärte Olga, ihre Tränen abwischend. »Ich habe mein Taschentuch herausgezogen, und dabei fiel der Brief zu Boden, den Sie mir gestern geschickt haben. Mein Mann sprang hinzu, las ihn und ... und schlug

mich. Er packte mich am Arm, preßte ihn – hier sehen Sie noch die roten Flecke – und forderte eine Erklärung. Ich hab sie ihm aber nicht gegeben, sondern bin hierher geflohen. Beschützen wenigstens Sie mich! Er hat kein Recht, so grob mit seiner Frau umzugehen! Ich bin doch keine Küchenmagd! Ich gehöre zu den gehobenen Kreisen!«

Der Graf lief im Zimmer auf und ab und gab mit trunkener, schwerer Zunge einen unsinnigen Wortschwall von sich, der, in eine nüchterne Sprache übersetzt, das Thema »Über die Lage der Frau in Rußland« behandelte.

»Das ist Barbarei! Leben wir denn auf Neuseeland? Denkt dieser Bauer vielleicht gar auch, daß man bei seiner Beerdigung seine Frau mit einscharrt? Bei den Wilden ist das nämlich so, da nehmen die Männer ihre Frauen mit, wenn sie ins Jenseits abtreten.«

Ich für mein Teil wußte mir die Sache nicht zu deuten. Was sollte ich von Olgas plötzlichem Besuch im Negligé halten, in welcher Richtung hatte ich zu denken, wie zu entscheiden? War sie wirklich geschlagen und ihre Würde verletzt worden? Weshalb floh sie denn aber nicht zu ihrem Vater, zu dessen Wirtschafterin oder schließlich auch zu mir, der ich ihr doch immerhin nahe stand? Stimmte ihr Bericht überhaupt? Mein Herz sprach den harmlosen Urbenin frei, ja es spürte sogar, die Wahrheit ahnend, den Schmerz, den der überrumpelte Ehemann in diesem Augenblick empfinden mußte. Da ich nicht wußte, wo beginnen, stellte ich Olga keine Fragen, ich versuchte lediglich, sie zu beruhigen, und bot ihr Wein an.

»Was habe ich für einen Fehler begangen! Was für einen Fehler!« seufzte sie unter Tränen, während sie das Glas an die Lippen führte. »Er tat immer so still und sanft, als er um mich warb. Ich dachte, er sei ein Engel, kein Mensch.«

»Hätte er Ihrer Ansicht nach über den Brief entzückt sein

sollen, der Ihnen aus der Tasche fiel?« fragte ich. »Sollte er darüber lachen?«

»Das wollen wir jetzt nicht erörtern«, unterbrach mich der Graf. »Was auch immer vorgefallen sein mag, ein solches Verhalten ist schäbig. So geht man mit Frauen nicht um. Ich fordere ihn zum Duell! Ich werde es ihm eintränken! Glauben Sie mir, Olga Nikolajewna, so einfach kommt er nicht davon.«

Er plusterte sich auf wie ein junger Puter, obwohl ihn nichts dazu ermächtigte, sich zwischen den Ehemann und dessen Frau zu stellen. Ich schwieg und widersprach ihm nicht, da ich wußte, daß sich sein Eintreten für die Frau eines anderen auf die trunkenen Reden innerhalb seiner vier Wände beschränkte und jeder Gedanke an ein Duell schon morgen vergessen sein würde. Warum aber schwieg Olga? Ich mochte nicht glauben, daß sie geneigt war, die Dienste des Grafen anzunehmen; auch schien es mir ausgeschlossen, daß diese einfältige schöne Katze so wenig Würde besaß, dem betrunkenen Grafen bereitwillig die Richterrolle in ihren Eheangelegenheiten einzuräumen.

»Ich trete ihn in den Schmutz!« verkündete der frischgebackene Ritter in den höchsten Tönen. »Und eine Ohrfeige verpasse ich ihm obendrein! Gleich morgen!«

Und Olga stopfte diesem Strolch nicht den Mund, der in seinem Suff einen Mann beleidigte, dessen Schuld allein darin bestand, daß er sich selbst betrog und betrogen wurde. Urbenin hatte ihr einmal kräftig den Arm gedrückt und allein dadurch ihre skandalöse Flucht in des Grafen Haus verursacht; nun befleckte der betrunkene geistige Halbwüchsige durch seine unsauberen Ergüsse den ehrlichen Namen des Menschen, der sich indessen, von Trauer und Zweifel geplagt, seines Reinfalls bewußt wurde, und sie, Olga, zuckte dabei mit keiner Wimper.

Während der Graf seinem Zorn Ausdruck gab und Urbenins Frau sich die Wangen wischte, brachte ein Diener gebratene Rebhühner. Der Graf legte Olga ein halbes Huhn vor, sie schüttelte ablehnend den Kopf, griff aber dann doch gleichsam mechanisch zu Messer und Gabel und begann zu essen. Dem Rebhuhn folgte ein großes Glas Wein, und bald deuteten nur noch ein paar rötliche Flecke um die Augen oder ein gelegentlicher tiefer Seufzer auf die soeben versiegten Tränen hin.

Nicht lange, und wir hörten Olga sogar lachen. Sie gab sich heiter wie ein getröstetes Kind, das eine ihm zugefügte Kränkung rasch vergessen hat. Der Graf sah mich an und lachte ebenfalls.

»Wissen Sie, was ich mir ausgedacht habe?« sagte er und setzte sich neben sie. »Ich will bei mir eine Liebhabertheateraufführung veranstalten. Mir schwebt ein Stück mit guten Frauenrollen vor. Na, wie denken Sie darüber?«

Die beiden begannen über die Theatervorstellung zu reden. Welchen Kontrast bildete dieses alberne Gespräch zu dem eben noch empfundenen Entsetzen, das Olgas Antlitz entstellt hatte, als sie eine Stunde zuvor bleich, weinend und mit aufgelösten Haaren hereingestürmt war! Wie wohlfeil waren doch dieser Schreck und diese Tränen gewesen!

Indessen verann die Zeit. Die Uhr schlug zwölf. Ehrbare Frauen schlafen zu solcher Stunde. Olga hätte längst gehen müssen. Aber es schlug halb eins, und sie saß immer noch und plauderte mit dem Grafen.

»Es ist Zeit, sich schlafen zu legen«, sagte ich, auf die Uhr sehend. »Ich breche auf. Erlauben Sie, daß ich Sie nach Hause geleite, Olga Nikolajewna?«

Olga sah erst mich an und dann den Grafen.

»Wo soll ich denn hin?« flüsterte sie. »Zu ihm kann ich nicht.«

»Nein, nein, natürlich nicht, zu ihm können Sie nicht«,

sagte der Graf. »Wer bürgt uns dafür, daß er Sie nicht noch einmal schlägt? Unmöglich!«

Ich ging im Zimmer auf und ab. Niemand sprach. Während ich von einer Ecke in die andere lief, verfolgten mein Freund und meine Geliebte meine Schritte. Mir war, als verstünde ich deutlich, was ihr Schweigen und ihre Blicke besagten. Lauerndes Drängen sprach aus ihnen. Ich legte die Mütze weg und setzte mich auf den Diwan.

»Tja, also ...«, murmelte der Graf, ungeduldig seine Hände reibend. »So ist das nun.«

Es schlug halb zwei. Der Graf schaute flüchtig zur Uhr, runzelte die Stirn und wanderte seinerseits durch das Zimmer. Die Blicke, mit denen er mich bedachte, ließen erkennen, daß er mir etwas Notwendiges, aber Heikles und Unangenehmes zu sagen hatte.«

»Hör mal, Serjosha«, begann er schließlich, indem er sich kurz entschlossen neben mich setzte. Und er flüsterte mir ins Ohr: »Sei mir nicht böse, mein Lieber. Du verstehst gewiß meine Lage und wirst deshalb meine Bitte nicht seltsam oder unverschämt finden.«

»Mach's kurz und spar dir deine langen Reden.«

»Weißt du, die Sache ist die … Geh jetzt, mein Bester. Du störst uns. Sie bleibt bei mir. Entschuldige, daß ich dich rausschmeiße, aber … du wirst meine Ungeduld verstehen.«

»Schon gut.«

Mein Freund ekelte mich an. Wäre er mir nicht so zuwider gewesen, ich hätte ihn vielleicht zertreten wie einen Käfer, als er mich in diesem Augenblick, zitternd wie im Schüttelfrost, bat, ihn mit der Urbenina allein zu lassen. Das eines Dichters würdige »Mädchen in Rot«, dessen Traum ein effektvoller Tod war, das Kind der Wälder und des grollenden Sees, sollte die Beute eines völlig vom Alkohol zerrütteten kraftlosen und kranken Anachoreten werden! Nein, sie durfte ihm nicht mal auf eine Werst nahe kommen.

Ich trat zu ihr.

»Ich gehe«, sagte ich.

Sie nickte.

»Möchtest du das wirklich? Ja?« fragte ich, bemüht, die Wahrheit von ihrem flammendroten hübschen Antlitz abzulesen.

Mit einer kaum merklichen Bewegung ihrer langen schwarzen Wimpern antwortete sie: Ja.

»Hast du dir das gut überlegt?«

Sie wandte sich von mir ab wie von einem lästigen Luftzug. Reden wollte sie nicht. Wozu auch? Ein langes Thema läßt sich nicht kurz abtun, und für ein ausführliches Gespräch war hier weder der Ort noch die Zeit.

Ich nahm meine Mütze und ging grußlos hinaus. Später erzählte mir Olga, der betrunkene Graf habe sie unmittelbar nach meinem Aufbruch, kaum daß meine Schritte im Rauschen des Windes und des Parks verhallt waren, in seine Arme gezerrt. Sie aber habe sich mit geschlossenen Augen, zusammengepreßten Lippen und angehaltenem Atem vor Widerwillen kaum bei Bewußtsein gehalten. Eine Minute lang sei

sie sogar entschlossen gewesen, sich von ihm loszureißen und in den See zu laufen. Auch habe sie sich die Haare gerauft und geweint. Es fällt nicht leicht, sich zu verkaufen.

Als ich aus dem Hause trat und auf den Pferdestall zuging, wo meine Stute Sorka stand, mußte ich an der Wohnung des Verwalters vorbei. Ich schaute ins Fenster. Beim trüben Licht einer stark verrußten blakenden Lampe saß Pjotr Jegorytsch am Tisch. Sein Gesicht sah ich nicht. Er bedeckte es mit den Händen. Doch seine ganze untersetzte, ungeschlachte Gestalt drückte so viel Schmerz, Trauer und Verzweiflung aus, daß man nicht erst in seinem Antlitz nach seinem Seelenzustand forschen mußte. Vor ihm standen zwei Flaschen, die eine leer, die andere eben angefangen, beides Wodkaflaschen. Der arme Kerl suchte seinen Frieden nicht in sich selbst und nicht unter den Menschen, sondern im Alkohol.

Fünf Minuten später befand ich mich zu Pferd auf dem Heimweg. Es herrschte eine schreckliche Dunkelheit. Der See brodelte wütend, als zürne er, daß ich, ein Sünder und zudem Zeuge einer eben sich abspielenden sündigen Tat, es wagte, seine gestrenge Ruhe zu stören. Ich sah das Wasser im Dunkeln nicht. So meinte ich, ein unsichtbares Ungeheuer oder vielleicht gar die mich umhüllende Finsternis selbst brüllen zu hören.

Ich hielt meine Stute an, schloß die Augen und hing beim Geheul des Untieres meinen Gedanken nach.

Wie, wenn ich jetzt zurückritte und die beiden tötete?

Ich verspürte einen furchtbaren Grimm im Herzen. Das wenige Gute und Ehrliche, das nach der fortgesetzten Verderbnis durch das Leben noch in mir geblieben und der Fäulnis entgangen war, das ich als meinen ganzen Stolz hütete und hätschelte, hatte man beleidigt, bespien und mit Schmutz bespritzt!

Schon früher hatte ich feile Frauen kennengelernt, sie mir gekauft und studiert, aber es war keine mit solcher Unschuldsröte und so treuherzigen blauen Augen unter ihnen gewesen, wie ich sie an jenem Maimorgen auf meinem Weg am Wald entlang zum Jahrmarkt in Tenewo gesehen hatte. Selbst verdorben bis ins Mark, neigte ich im Grunde zur Nachsicht, ich predigte Duldsamkeit angesichts des Lasters und zeigte eine Toleranz, die schon an Schwäche grenzte. Meiner Überzeugung nach konnte man vom Schmutz nicht fordern, kein Schmutz zu sein, und einer Goldmünze nicht die Schuld geben, wenn sie kraft der Umstände in den Morast fiel. Aber ich hatte vordem nicht gewußt, daß sich Goldmünzen im Unflat auflösen und mit ihm eins werden können. Auch Gold war also löslich!

Ein starker Windstoß riß mir die Mütze vom Kopf und entführte sie in das Dunkel um mich her. Im Fluge huschte sie an Sorkas Schnauze vorbei, das Tier erschrak, bäumte sich auf und schoß auf dem ihm bekannten Weg davon.

Zu Hause warf ich mich sogleich aufs Bett. Meinen Diener Polikarp, der mich auskleiden wollte, beschimpfte ich völlig grundlos als einen widerlichen Teufel.

»Selber Teufel«, knurrte er, sich entfernend.

»Wie war das? Was hast du gesagt?« schrie ich und sprang auf.

»Für Schwerhörige liest der Pope die Messe nicht zweimal.«

»Ha, du wagst es auch noch aufzumucken?« rief ich bebend, und meine ganze Bitterkeit entlud sich jetzt über den unschuldigen Diener. »Raus! Ich will nicht mal deinen Geist mehr hier sehen, du Schurke! Verschwinde!«

Ohne abzuwarten, bis er das Zimmer verlassen hatte, ließ ich mich wieder aufs Bett fallen, wo ich losheulte wie ein kleiner Junge. Meine angespannten Nerven gingen mit mir durch. Die ohnmächtige Wut, meine verletzten Gefühle und

meine Eifersucht – das alles mußte sich ja auf irgendeine Weise Luft machen.

»Ein Mann hat seine Frau umgebracht!« schrie mein Papagei und sträubte sein spärliches Gefieder.

Da kam mir der Gedanke, daß Urbenin seine Frau umbringen könnte. Ich schlief ein und erlebte die Mordtat in einem drückenden, qualvollen Alptraum. Mir war, als glitten meine Hände über etwas Kaltes und als brauchte ich nur die Augen zu öffnen, um den Leichnam zu erblicken. Zugleich sah ich Urbenin am Kopfende stehen und mich flehentlich anstarren.

Elisabeth Plessen

Zwei Hasen jagen

Elisabeth Plessen interviewt
Anton Tschechov

E. P. Endlich habe ich Sie! Ich jage Sie schon lange. Wieviel Tausende von Kilometern bin ich schon hinter Ihnen her. Für ein Interview – darf ich stören? Sie angeln. Freizeit?

T. Das tu ich gern … Es entspannt.

E. P. Was beißt an?

T. Nun –

E. P. Nichts? Nicht einmal ein Barsch? Eine Karausche?

T. Doch, auch mal ein Hecht. Nur, um die Wahrheit zu sagen –

E. P. Bitte, sagen Sie, danach frage ich –

T. Um die Wahrheit zu sagen: Ich seziere lieber eine tote Kuh oder horche die Herztöne eines Sterbenden ab, als daß ich einen Fisch, vom Haken genommen, totschlagen könnte. Darum sitze ich lieber, halte die Angel in der Hand und hoffe, daß nichts anbeißt, denke …

E. P. Man sagt Ihnen nach, Sie seien ein Menschenverächter, betrachten, wenn Sie ehrlich sind, die Menschen allein unter ästhetischen Gesichtspunkten; Frauen allen voran. Kalt, leidenschaftslos, selbstgefällig wahrscheinlich, eitel ist ein anderes Wort dafür, und unengagiert. Kalt wie Eis wollen Sie ja auch beim Schreiben sein …

Menschen sind Objekte für Sie, den Mediziner, Stoff-

geber für Sie, den Literaten, Sie hätten keine Freunde, hingegen viele, die sich gern Ihren Freund nennen.

T. Nun, ein Fünkchen Wahrheit ist wie bei jeder Platitüde daran. Ich will die Frauen, die geschrieben haben, wie Sie mich bezirzen können, ausnehmen – daran ist nichts wahr, selbst wenn die Legende, da publiziert, weiter besteht. Fest steht: Ich langweile mich rasch und will nicht, daß andere sich mit mir langweilen. Ist das nicht eine Zivilisationstugend? Aus dem Grunde reiste ich auch viel. Aus dem Grunde habe ich zwei Berufe. Mein Verleger sagt mir, ich solle nicht zwei Hasen nachjagen, die Angetraute, die Medizin, laufenlassen und nur an die Geliebte denken und mich ganz auf sie konzentrieren. Das konnte ich nicht. So war ich nicht, so bin ich nicht. Wenn mir die eine auf die Nerven geht oder fällt, miete ich mich bei der anderen ein. Das ist meinetwegen unanständig – nicht für Sie, vermute ich –, aber dafür nicht langweilig. Und darum verlieren wir auch beide nicht durch meinen Treuebruch.

E. P. Gewinnen Sie dadurch? Was?

T. Rückzugsmöglichkeit. Ruhe. Die eigenen vier Pfähle.

E. P. Aber nicht Ruhe für den großen Roman?

T. Ich? Nein. Nicht ich. Der dritte Hase hieß: Geld.

E. P. Selbst die Nähe zu Ihrer Frau halten Sie nicht aus –

T. Arzt zu sein ist furchtbar, unerträglich und ekelhaft. Ein junges Mädchen mit Würmern in den Ohren, Durchfälle, Erbrechen, Syphilis, äh! Oh, rufe ich da, Musik und Poesie voller Süße, wo seid ihr? Begreifen Sie denn nicht? Es ist unerträglich, nicht sein eigener Herr zu sein, sondern an Diarrhöen zu denken und mitten in der Nacht aufzufahren, weil die Hunde bellen und an die Tür geklopft wird. Wird man mich holen? Sich in unmöglichen Fahrzeugen auf weiß Gott welchen Wegenmühsam dahinschleppen, nichts anderes zu lesen, als was über die Cholera oder die Schwindsucht geschrieben wurde und nur auf die Cholera und die Schwindsucht zu warten. Und all das, obwohl ich so gleichgültig gegen Krankheiten und gegen die Menschen bin, denen ich diene …

E. P. Sie haben mich mißverstanden, Doktor. Ich meinte Ihre angetraute leibliche leibhaftige wirkliche Frau, die Person aus Fleisch und Blut, die späte erste echte und einzige Liebe in Ihrem Leben.

T. Olga! Die Deutsche!

E. P. Olga Knipper? Ich denke, sie ist eine berühmte russische Schauspielerin.

T. Das ist sie auch.

E. P. Wieso dann deutsch?

T. Sie ist genauso deutsch wie Sie! Ich liebe sie, liebe sie sehr. Die Frau, die ich mir wünschte, die – wie der Mond – nicht jeden Tag an meinem Horizont erscheint. Sie ist in Moskau oder sonstwo und spielt. Ich sehne mich nach ihr. Es ist kaum auszuhalten. Ich, ein hustender Frühgreis – und auf einmal die Sentimentalität? Ich sehnte mich immer nach dem Alleinsein, aber bin ich allein, ist es langweilig, sehr bald, und ich bin der unglücklichste Mensch. Ich ertrage das Alleinsein nicht, das Alleinsein ist das Fürchterlichste aller Strafen – wenn dann auch nicht einmal mehr die Freunde kommen – also reise ich wieder, flüchte. Das Glück, das Tag für Tag andauert, vom Morgen zum Abend – ich ertrage es nicht. Wenn man mir jeden Tag ein und dasselbe sagt, im immer gleichen Ton, werde ich rasend. Das werde ich zum Beispiel in Gesellschaft mit einer »klugen« und »teilnahmsvollen« Frau. Davor schützt mich meine Krankheit: Ich darf nicht sein, wo sie ist.

Aber das wiederum verbannt mich auch. Mein Sibirien heißt nicht Sachalin, es heißt Jalta. *(Hustet, spuckt Blut)* Und nach Afrika will ich, nach Amerika, ich habe die Welt noch nicht ganz gesehen.

E. P. Sie träumen … Davon? Und noch jetzt wollen Sie? Alle Achtung.

T. Müßiggang gehört zum Glück. Die Menschen sind nicht prädestiniert dafür. Sie reden davon. Sie sehnen sich danach. Nennen Sie mir zwei, die auch nur zugleich glücklich nichts tun können. Die Menschen essen bloß zu Mittag. Sie tun sonst nichts, aber während dieser Zeit baut sich, ich mag das Wort schon gar nicht mehr sagen: ihr Glück auf oder zerbricht ihr Leben. So ist es. Mit Olga geht es schon gar nicht. Sie ist viel zu vital, sie explodiert geradezu vor Kraft, so viel jünger als ich! … Olga mußte plötzlich zum Zahnarzt nach Basel, während ich im Sterben lag … Sie will Ruhm. Ich verdenke ihr's nicht. Ich habe es ja auch gewollt. Was nützt er! Lindert er Schmerzen? Er stillt das Blut nicht, das mir aus dem Mund kommt. Auch den Ruhm benutze ich bei der Hasenjagd. Meine Mutter glaubt immer noch, daß ich gesund werde. Ich laß sie in dem Glauben. Ich habe schon als Kind im Stehen schlafen gelernt, im Laden meines Vaters, dabei hätte ich bleiben sollen. Ich glaubte schon als Kind – aber an den Fortschritt. Mein Vater prügelte mich, und ich teilte die Welt auf in die ohne und die mit Prügel. So habe ich immer an die Zukunft gedacht, es ist schwer, Kindheitsbildungen aufzugeben. Ich bin kein religiöser Mensch. Aus Schwäche beneidete ich Tolstoi. Im Gegensatz zu ihm erschien zu meiner Zeit unser Leben wie ein in tausend kleine Splitter zerspringendes Glasgemälde: Damals war das Glasgemälde noch ganz, und jeder erlebte sich im Ganzen. Statt an Gott glaubte ich an den technischen Fortschritt. Der technische Fortschritt, dachte ich, hat auch den gesellschaftlichen Fortschritt zur Folge. Ich glaubte nie an eine Partei, eine Ideologie, das nie. Die Maschine arbeitet, der Mensch wird frei, etc., das habe ich geglaubt, aber ich sehe, es war ein Fehler. Ich habe dem menschlichen Verstand, der Vernünftigkeit des Menschen im Gegensatz zu seinen materiellen Interessen zuviel Bedeutung und Kraft beigemessen. Ich habe geglaubt, daß meine Werke spätestens sieben Jahre nach meinem Tod vergessen sein werden, mich niemand mehr kennt, erwähnt, liest, besucht. Ich habe ein euphemistisches Menschheitsbild entworfen: in fünfzig, hundert, zweihundert Jahren. Es ist nicht so. Über mich als Arzt weiß niemand mehr etwas. Die Geliebte, so ist es, hat mich unsterblich gemacht. *(Pause)*

E. P. Hat etwas angebissen?

T. Hier beißt sowieso nichts an. Dieses Gewässer ist leer.

Alfred Polgar

Der Hase

Der Schneidermeister Sedlak brachte Anfang November einen Hasen nach Hause. »Füttere ihn gut«, sagte er zu seiner Frau, »auf daß er fett und stark werde und wir zu Weihnachten einen Braten haben.«

Ob der Schneidermeister »... auf daß« sagte, ist nicht sichergestellt. Aber dem Sinn nach lautete seine Rede so, wie ich sie hier wiedergebe. Frau Sedlak selbst hat sie mir gleich andern Tages, nachdem der Hase ins Haus gekommen war, berichtet.

Frau Sedlak ist die bravste Frau, die jemals für eine fremde Wirtschaft Sorge getragen hat. Sauberkeit ohne Fehl wirkt ihre geschäftige Hand, und Kleider, Wäsche, Schuh, von ihr betreut, sprächen, wenn sie reden könnten, gewiß: »Mutter« zu ihr.

Sie besitzt kein Kind. Aber als der Hase kam, da hatte sie eins.

Sie erzählte viel von seiner Possierlichkeit und seiner Zutraulichkeit, und wie er auf den Pfiff herbeikäme und mit welcher Neugierde und mit welchem Interesse er ihr mit den Augen folge. Und wenn er auch Schmutz und Arbeit verursache, sie trüge diesen kleinen Mühezuwachs gern um des Spaßes willen, den das Tier mit seinen Kapriolen und seiner nimmermüden Spiellust bereite.

Der Hase erhielt eine alte Kiste zur Wohnstatt und Abfälle von Küchenabfällen zur Nahrung. Die Küchenabfälle selbst kommen auf den Sedlakschen Mittagstisch. Und der Hase gedieh. Er bekam einen Bauch und volle Backen. Frau Sedlak erzählte, ihrem Mann laufe das Wasser im Mund zusammen,

so oft er das Tier nur ansehe. Ihr lief es in den Augen zusammen, wenn sie dachte, welchem Schicksal der Hase entgegenschwoll.

Daß er so mächtig Fleisch ansetzte, erfüllte sie wohl mit hausfraulichem Stolz, und daß dem Weihnachtstisch ein Braten gewiß, war ihr keineswegs eine unangenehme Vorstellung. Jedoch Frau Sedlak hatte auch ein Herz im Leibe, nicht nur einen Magen; und was des Magens Hoffnung, wurde des Herzens Not. Frau Sedlak vermutete, daß auch ihr Mann, obschon er's mit keiner Silbe und keinem Blick verriet, eine heimliche über-materielle Zuneigung für den Hasen im Innersten berge ... aber ich glaube, das redete sie sich nur ein, von dem unterbewußten Wunsch getrieben, es möchte der Schneidermeister das Odium der Rührseligkeit auf sich nehmen und den Hasen begnadigen.

Der Schneider dachte nicht an derlei. Er setzte das Datum der Schlachtung fest und verpflichtete den Hausmeistersohn, der die große Kriegsmedaille hatte, zur Metzgertat.

Von dem Augenblick an, da das Urteil über den Hasen unwiderruflich gefällt war, begann die brave Frau über ihn zu schimpfen. Sie sprach von ihm nur mehr per »der Kerl«. Die ganze Wohnung stinke nach ihm, bei Nacht rumore er in sei-

ner Kiste herum, daß man nicht schlafen könne – die Kiste würde längst dringend als Heizmaterial benötigt –, und soviel Kohlstrünke und Gemüsemist gebe es gar nicht, wie der Kerl auf einen Sitz verschlingen könne. Am Ende sei sie froh, daß nun bald Weihnachten käme und der lästige Wohnungsgenosse wieder verschwinde.

Auch über den Fleisch-Ertrag, den sie sich von dem Kerl verspreche, redete sie, doch mit so kummervollem Appetit in der Stimme, daß es klar war, sie übertreibe diese Einschätzung vor sich selbst, um mit dem Gewicht des köstlichen Hasenfleisches ihr Bangen zu erdrücken.

Dem Hasen selbst muß das Dilemma seiner Gebieterin aufgefallen sein. Oder gab ihm, der doch nun einmal dahin mußte, ein höherer Lenker, womit er der Frau für bewiesene Sorgfalt und Güte danken könne? Genug, er tat, der Hase, wie in solcher Lage ein psychologisch geschulter Hase auch nicht anders hätte tun können:

Er biß Frau Sedlak in den Finger.

Freudestrahlend berichtete sie: »Er hat mich in den Finger gebissen.«

Ja, gottlob, nun war unter das Todesurteil, es moralisch stützend, die todeswürdige Tat geschoben. Nun war das verpflichtende Freundschaftsband zwischen Frau Sedlak und dem Hasen von diesem selbst entzweigebissen. Nun war Appetit auf Hasenbraten: Gerechtigkeit. Fiat!

Sie schluckte trotzdem, die Schneidermeistersfrau, als sie von des Hasen Ende erzählte. Sie warf einen scheuen Blick zur Seite bei der Erzählung, als spüre sie, was das heißt, ein atmendes Wesen, einen unbeschreiblich rätselvollen, kompliziertesten, mit Gefühl, Bewegung, Gesicht, Gehör, mit allen heiligen Wundern des Lebens begabten Organismus zu vernichten, damit er von anderer Wesen Mäulern zerkaut und zu Nahrungsbrei eingespeichelt werden könne.

Und es hing noch wie Schleier trauernder Liebe um das Lächeln, mit dem sie sagte: »Schön fett war er.«

Das Fell ist zum Trocknen aufgespannt; es hat seinen Wert. Ein wenig Fett ist noch in der Speisekammer als Superplus des Feiertagsbratens. Die Wohnung stinkt nicht mehr nach tierischem Exkrement. Kein nächtliches Rumoren in der Küche stört den Schlaf der braven Leute.

Aber die alte Kiste ist nicht zu Brennholz zerhackt worden. Sie bleibt Kiste.

Denn Herr Sedlak ist entschlossen, wieder einen Hasen zu erwerben.

Und Frau Sedlak wird, vermute ich, sich vom Fleck weg seelisch so auf ihn einstellen, als ob er sie schon gebissen hätte.

Heinrich Hoffmann

Die Geschichte vom wilden Jäger

Es zog der wilde Jägersmann
sein grasgrün neues Röcklein an,
nahm Ranzen, Pulverhorn und Flint
und lief hinaus ins Feld geschwind.

Er trug die Brille auf der Nas
und wollte schießen tot den Has.
Das Häschen sitzt im Blätterhaus
und lacht den blinden Jäger aus.

Jetzt schien die Sonne gar zu sehr,
da ward ihm sein Gewehr zu schwer.
Er legte sich ins grüne Gras;
das alles sah der kleine Has.
Und als der Jäger schnarcht und schlief,
der Has ganz heimlich zu ihm lief
und nahm die Flint und auch die Brill
und schlich davon ganz leis und still.

Die Brille hat das Häschen jetzt
sich selbst auf seine Nas gesetzt,
und schießen will's aus dem Gewehr.
Der Jäger aber fürcht sich sehr.
Er läuft davon und springt und schreit:
»Zu Hilf, ihr Leut! Zu Hilf ihr Leut!«

Eckhard Henscheid

Hase und Igel

Ein Abschiedswort Honeckers an Gaus

Beim Neujahrsempfang1981 der DDR-Regierung, von dem auch das westdeutsche Fernsehen berichtete, fragte SED-Chef Erich Honecker den Ständigen Vertreter der Bundesrepublik in Ostberlin, Günter Gaus: »Nun, Herr Gaus, wie viele Hasen werden Sie denn heuer bei der Diplomatenjagd schießen?« *Nun war für ca. 15 Sekunden – die aber wie eine Ewigkeit schienen – zu sehen, wie Gaus, bekanntlich kurz vor der Ablösung durch Klaus Bölling, eine Antwort überlegte, die indessen nicht kam.*

Uns indessen ist es gelungen, per Gedächtnisprotokoll aus Gaus herauszukitzeln, was er in diesen peinigenden Sekunden der Sprachlosigkeit in Blitzesschnelle zusammendachte. Dies:

O Gott! Verflucht! Mein voraussichtlich letzter offizieller Kontakt mit Honecker – und dann dies! Was will der DDR-Mensch mit dieser Frage sagen? Was ist das für eine unglaublich diplomatische, verschlüsselte, ja tückische Frage? »Hase!« Teuflisch! Teuflisch geschickt. Gott, wie das in mir bohrt und würgt – und das Fernsehen schaut und hört zu! Hase-Hase ... eine gemeine, eine hochgemeine, aber vielleicht auch eine tauwetterfördernde Anspielung. Hase ... Hase ... Hase: Wie viele Hasen ich jagen will? Der Hase – ja, das muß die DDR sein, klar! Der friedliebende Hase – Tauben und Falken. Wir die imperialistisch-revanchistischen Falken, die DDR die Tauben, die wir jagen. Warum fragt er aber dann nicht: »Wie viele Tauben, Herr Gaus, werden Sie ...?« Das ist ja dieses DDR-Typische, Gemeine, Hinterhäl ...

Nein, es muß etwas anderes dahinterstecken. Ha! Klar! Der Wettlauf zwischen Hase und Igel! Brüder Grimm. Der Hase ist wieder die DDR, der Igel sind wir – logisch! Der Igel ist ja der Schweinigel – er will also auf Strauß anspielen, auf Sonthofen, daß die Bundesrepublik ein »Saustall« ist! Ich werde … doch halt! Der Igel ist doch im Märchen der Schlauere, der mit der revolutionären Geduld, er legt den dummen Hasen rein – also muß umgekehrt die DDR der Igel sein, und der Honecker will also sagen, wenn ich viele Hasen abschieße, d. h. Landsleute, dann ist er mein Freund – nein! Anders: Die Bundesrepublik igelt sich ein, das ist eine Anspielung auf den politischen Frust, pardon: Frost – bei Tauwetter aber kommen die Hasen hervor, zutraulich wie die DDR – aber auch frei zur Hasenhatz! Kapito! Die Hetze gegen die DDR meint der Honecker, der alte Specht. Aber – so feingestrickte Anspielungen bringt doch dieser Holzkopf gar nicht … Holz – fuchs! Fuchs! Das ist es! Das also steckt dahinter! Wo sich Fuchs und Hase gute Nacht sagen – das ist die Bundesrepublik, meint er schlau! Der alte Fuchs = Adenauer, seine Erben feige Hasen, das Ganze ein Schweinestall! Aber warte! Ich will dir – oder meint er Anke Fuchs? Daß die seiner Meinung nach Bundeskanzlerin werden soll?

Ich werde noch wahnsinnig – und die Sekunden fliegen dahin. Wie er mich anschaut! Infam! Ich muß – muß! – ihm eine plazierte, gepfefferte Antwort hinknallen. Pfeffer – da liegt der Hase im Pfeffer! Das meint er! Statt daß er Kohl frißt – Helmut Kohl soll erschossen werden, das ist Honeckers Botschaft! Kohl und Hase: Kohlhaas! Na also!! Kohlhaas ist von Kleist, der aber ist ein Berliner, da rundet sich ja der Kleister: der nächste Kanzler Hase soll zuerst Kohl ermorden, dann aber in Berlin ein Kaninchen aus dem Hut zaubern, daß die Igelrepublik wie ein Gestiefelter Kater –

Quatsch – haut auch nicht hin. Verdammt. Was tut der

Hase? Rammeln. Wen rammelt man? Schöne Mädchen. Und die heißen Bienen oder – auch Hasen. Hm. Die BRD aber schießt sie angeblich massenweise ab – eine Anspielung auf die Nazis. Kiesinger, Filbinger. Unsere Militaristen, die Verteidigungsminister. Wieder Strauß. Und Schmidt. Und – Hassel! Kai Uwe von Hassel! Der alte Diplomatenjagdanführer! Das also ist des Pudels Kern. Bei der Hatz ständig an vorderster Front – gegen Kommunisten, gegen die DDR, Hetze gegen die UdSSR – Jagd – hm: Breschnew? Breschnews Datscha? Will er sagen, daß er dort auch oft mitmischt, um Igel bei der Jagd abzuknallen – oder hab ich schon einen Knall?

Contenance, Gaus: Jagd – Hasen. Was ist da? Bei der Jagd auf Hasen werden Treiber gebraucht. Wenn er mich als Hasenschießer betrachtet, dann meint er also, daß Kriegstreiber hinter mir stehen. Kriegstreiber BRD – oder vom Konsumdenken getriebene Neofaschisten? Daß wir insgesamt Getriebene sind, Heimatvertriebene, Sexgetriebene, Kriegsver –

Nein, noch mal von vorn: Hase schießen = Böcke schießen, das muß die Lösung sein. So wie einst sein Guillaume Brandt auf die Guillotine schoß, so igelt sich die BRD tauwetterunlustig in ihrem Iglu ein, verkatert, Wolf im Schafspelz, während – das ist es!! Yeah! Die NATO ist der böse Wolf – der Warschauer Pakt die sieben Geißlein = verschlüsselte Hasen. Sind es sieben? Moment: UdSSR, DDR, Ungarn, Hasenland … Has-st er mich etwa, der Honecker? Ist das die Chiffre? Mein Gott, ich werde wahnsinnig, meine Karriere ist im Arsch, und die TV-Kamera starrt mich an und – also die Hasen knallen sich selber ab im Westen, Kaltzens Selbsttor gegen Argentinien … spielt er auf Heß an? Den Taucher Hass? Has – Haus – Gaus – Maus? Die Katze läßt den Strauß im Sack nicht drüber –

Mein Name ist Hase, ich weiß von nichts. Hasenherz – Hasenstall – hab ich vielleicht den Hosenstall offen? Großer

Gott! Hasel und Gretel, Hase mein Igel, der Hase fällt nicht weit vom Stamm, neinneinnein, er hat sich einfach nur versprochen und gemeint: »auf der alten Fuchsjagd einen Igel abschießen« – und ich werde also jetzt sofort ganz cool kontern: »Herr Honecker, diese Trauben sind mir zu sauer und schweinisch und …«

Leider kam Gaus nicht mehr dazu, sein Bonmot loszuwerden, denn exakt in dieser Sekunde beendete Honecker den Plausch mit dem freilich gleichfalls unauslotbaren Aperçu: »Jedenfalls, Herr Gaus, wünsche ich Ihnen viel Glück auch weiterhin!«

Magnus Gottfried Lichtwer

Die Flinte und der Hase

Ein Jäger schlief im Haberschwaden
und stützte sich auf seine Hand,
sein Rohr, mit grobem Schrot geladen,
lag ihm zu Füßen aufgespannt.
Ihn sah und floh ein blöder Hase,
der doch die Furcht bald fallen ließ,
bald näher kam und mit der Nase
an die geladne Flinte stieß.

»Verwegner, geh«, hob hier die Flinte
mit drohenden Gebärden an,
»wie? weißt du nicht, daß ich noch hinte
dich nach der Hölle schicken kann?
Vor meinem Blitz erschrickt der Tiger,
der Löwe, Bär, das Schwein und Rind,
die alle mutiger und klüger
als ein verzagter Hase sind.«

»Mein Freund! Du irrst in deinem Satze«,
warf ihm der Langohr lachend ein,
»vor deinem Drohn läuft keine Katze,
dein Herr ist's, den wir alle scheun,
solange dessen Augen wachen,
so fürchtet dich auch jedes Tier:
Allein: wenn sie sich dunkel machen,
so hat es keine Not allhier.«

Was hilft Gesetz, was helfen Strafen,
wenn Obrigkeit und Fürsten schlafen?

Hermann Löns

Mümmelmann

Sie zogen aus, bis an die Zähne bewaffnet, an die dreitausend, an die dreihundert, an die dreißig, schrecklich anzusehen in ihrem Kriegsschmucke.

Unten steckten sie in langen Stiefeln, oben in kühnen Hüten. Um ihre Unterleiber schlotterten oder strammten sich rauhe Jacken, deren Taschen reichlich mit Nikotinspargeln gespickt waren. An der Seite hing ein Ränzlein, strotzend von braunen, grünen, roten oder gelben Hülsen, enthaltend das scharfe Pulver, ferner eine Flasche, bergend das nicht minder scharfe Visierwasser, und diverse Pakete, worin die kurzgehackten sterblichen Überreste toter Schweine und Kühe waren. Vor dem Magen trugen sie Müffchen, um die Handgelenke gestrickte Stulpen, und auf dem Rücken Donnerrohre aller Konstruktionen und jeglichen Kalibers.

Sie erfüllten das Bahnhofsvestibül mit lauten Stimmen, den Perron mit schallenden Tritten, drei Kupees mit Zigarrendampf und die Schaffner mit Grausen, denn jeder dritte zog ein erwachsenes Exemplar von canis familiaris hinter sich her und verlangte Platz dafür nächst sich.

Während der Fahrt nickten die einen, die abends vorher allzulange beim geisteserfrischenden Männerskat und beim seelenerhebenden Bitterbier gesessen hatten, noch etwas nach, die edlen, etwas gedunsenen Züge auf die Mündungen der Flinten stützend; andere hatten des Teufels Gebetbuch in der Hand, schielten sich in die Karten und nahmen sich das mehr oder minder redlich erworbene Kleingeld ab. Die dritten sprachen Latein.

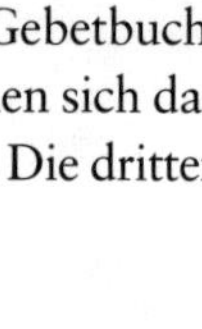

Der Dicke mit den apoplektischen Kulpsaugen erzählte mit einer Stimme, die die Fensterscheiben zum Klirren brachte, er habe gestern auf achtzig Schritt einen Krummen geschossen, wie gerädert sei der im Dampf geblieben, alle Knochen gebrochen. Und dann zeigte er seine Flinte herum, alle guckten hinein und taten, als glaubten sie es, und jeder sah sein Gegenüber mit einem Blick an, der da sagte, daß er es durchaus nicht glaube.

Sie sprachen eine fremde Sprache, die kein vernünftiger Mensch verstand, redeten von Rammlern und Satzhasen, Schweiß und Wolle, Löffeln und Blumen, Läufen und Gescheide, Kesseln und Suchen, Stokeln und Strecke, meinten aber immer ganz was anderes. So fuhren sie dahin durch die weiße, morgendliche Winterlandschaft, auf die die aus dem Bett kriechende Sonne einen schwachen Rosenschimmer warf.

Dieser Rosenschimmer traf auch in der Feldmark von Knubbendorf die Nase eines alten Rammlers, der langsam und hochläufig über die Landstraße hinkte, Haanrich Mümmelmann genannt in seiner Sippe. Er machte einen Kegel, putzte sich ein Flöckchen Schnee aus dem Schnurrbart mit der rauhen Bürste seines Vorderlaufes, und überlegte, ob er noch nach der reichlich geästen Roggensaat etwas Rinde von jungen Apfelbäumen in den Gärten von Knubbendorf zu sich nehmen solle, oder ob es bekömmlicher sei, einige vorjährige Brommelbeerblätter zu genießen, denn er fühlte einen Druck im Magen.

Da teilte ihm derjenige Teil seines Körpers, mit dem er auf einem plattgefahrenen goldgelben Apfel saß, der nicht von den Hesperiden, sondern von dem edlen Rosse stammte, mit, daß ein Wagen sich nähere. Er drehte sich um, spitzte die schwarztimpigen Löffel und sagte sich dann in seinem lieben Gemüte, daß das weder die Post sei, die führe schneller, noch der Molkereiwagen, der führe langsamer, ein Marktwagen sei es auch nicht, der käme schon bei nachtschlafender Zeit. Item sei es etwas Ungewohntes, und das Ungewohnte sei stets unbekömmlich.

Er hoppelte bis an den Graben, setzte trotz seiner drei Läufe über die hohe Schneewehe und hoppelte den Patt entlang. Auf dem großen Schlehbusch saß der Neuntöter. Den fragte er, ob er nicht sähe, was da die Straße entlang komme, seine Augen hätten nachgelassen. Der Würger sagte ihm, daß es Jäger und Hunde wären, und flog nach der Dieme, denn da hatte er eine Maus gesehen.

Mümmelmann kratzte sich bedenklich hinter den Löffeln und hoppelte weiter, bis an den großen Stein, der an der Sandkuhle lag. Dort klopfte er dreimal mit dem linken Hinterlauf. Er. hatte nur den einen, den rechten fraßen nach der vorjährigen Treibjagd die Nebelkrähen. Auf sein Klopfen tauchten hinter einem dürren Kamillenbusch zwei sauber gekämmte Löffel auf. Sie gehörten Geesche Wittblaume.

»'n Dag, Geesche«, knurrte Mümmelmann, »van Dage giff dat Drievjagd. Eck weit blot noch nich, wenn sei in Holte drieven oder inn'e Feldmark. Seih deck vör!«

»Eck rücke to Holte, da kann'n seck lichter bargen«, meinte Geesche. »Adjüs, Haanrich«, und damit hoppelte sie von dannen.

»Segg et de annern an«, rief Mümmelmann ihr nach, und Geesche machte einen Kegel, spitzte die Löffel, nickte und hoppelte fort.

Mümmelmann traf bei Wege noch Trine Geelzahn und Jochen Pielsteert und sagte ihnen, daß sie gut täten, die Löffel steif zu halten. Und dann hoppelte er weiter, bis nach einer ganz kahlen, hochgelegenen Stelle. Dort lief er eilig hin und her, als habe er etwas verloren, schlug Haken auf Haken, und schob sich dann in einen Pott, den er sich scharrte.

Eine Stunde mochte er in seinem Lager gelegen haben, da

vernahm er ein Geräusch und machte einen Kegel. Da sah er Aadje Slappuhr eilig daherkommen, Aadje, dessen Löffel keinen Halt hatten, weil ihm im vorigen November die Schroten die Knorpel zerschlagen hatten.

»Junge«, sagte Aadje und verpustete sich, »dat ward leege van Dage. De Driever drücket dat Holt dör und denn schall ekesselt weern.«

»Dübel«, sagte Mümmelmann, »de vermuckten Schinners ward' von Dag to Dag heller. Na, will't sehn, wat seck dohn lätt. 'djüs.« Und damit rückte er sich wieder in seinem Pott zurecht, und Aadje lief weiter.

Noch eine Stunde lag Mümmelmann da und dachte nach, daß der Mensch doch das böseste Raubzeug sei, trotz Reinke Rotvoß und Griepto Heuhnerdeiw, dem Habicht, und daß es Zeit wäre, daß man dagegen etwas täte; da hörte er von weitem einen Ton, als klopfe da ein riesiger Rammler. Und der wiederholte sich immer wieder.

Haanrich Mümmelmann machte sich hoch und äugte nach der Gegend hin, aber seine Lichter trugen so weit nicht. So rückte er wieder zusammen und wartete. Die Sonne brannte ihm warm auf den billigen Balg, der Wind hatte sich gelegt; das war alles gut und schön soweit, wenn nur die Jäger nicht gewesen wären. Na, sein Testament hatte der Olle schon lange

gemacht, er war nun fast zehn Jahre alt, und ewig kann man nicht leben. So philosophierte er.

Auf einmal spielohrte er. Er hörte den Mordschrei der Nebelkrähe. Er machte sich ein ganz klein bißchen höher, und seine Seher wurden starr. Über das Feld kam ein Hase in ungleichen Sätzen, und über ihm strichen zwei große, graue Krähen. Eine stieg immer und strich vorwärts, und die andere fuhr herab und stieß nach den Lichtern des armen Hasen, und Arr und Err ging es. Alle Augenblicke wurde der kranke Hase kürzer, dann fuhren beide Krähen auf ihn los. Und dann rappelte er sich wieder auf und machte ein paar Sätze, aber nach wenigen Sätzen wurde er wieder kürzer. Und vom Horizont kam ein schwarzer Punkt und noch einer und immer wieder einer, lauter Krähen, graue und schwarze, und wie eine Wolke von Blut und Tod zog es über den Kranken her. Und jetzt, Mümmelmann schauerte zusammen und legte die Löffel an, denn er wußte, was jetzt kam; jetzt kam der Graben, und das war das Ende. Und da scholl es auch zu ihm heran: »O weh, o weh, o weeäh, o weih mir«, und dann war alles still und nur die Galgenvögel, die sich zankten, hörte man.

Nach einem Weilchen vernahm der Alte wieder ein Gepolter und sah die Krähen abstieben. Er richtete sich ein bißchen hoch und sah einen großmächtigen Köter einen kranken Hasen hetzen. Schwer krank, das sah der Alte, war der andere nicht, aber doch so, daß der flüchtige Hund ihn bald zu Stande hetzen würde. Das war ein guter Kerl, Natz Klewersitter vom Uhlenbrink. Dem mußte geholfen werden.

»Natz«, knurrte Mümmelmann leise, »eck stah upp, sett di dahl!« Der kranke Waldhase nahm alle Kraft zusammen, fuhr in das warme Lager, und mit einem Hui, eine Schneewolke hinter sich werfend, fegte der alte Feldhase aus dem Pott, schlug ein halbes Dutzend Haken, daß der Hund ganz verbiestert wurde, sauste dann geradeaus, schlug wieder Haken, machte

einen Kegel, nahm wieder das Feld hinter sich, bis dem Hunde die Zunge aus dem Halse hing und er die Jagd aufgab. Mümmelmann äugte ihm nach, lachte, hoppelte bis zum nächsten Brink und rodete sich wieder ein. Seine alten Knochen brauchten Ruhe.

Lange dauerte es damit aber nicht, da vernahm er ein Dröhnen und Knirschen. Erst war es nördlich, dann westlich, dann südlich, dann auch im Osten. Er machte sich hoch und sah rundum lauter schwarze Pfähle. Und nach einer Weile ging es, »Tara, Tarattata«, und die Pfähle kamen auf ihn zu. Und dann hörte er es knallen, und er sah hier einen aus seiner Sippe über den Schnee rennen, und da einen von den Waldhasen, und da stand einer auf dem Kopf und hier rollte einer im Dampf. »Dübel«, dachte der Alte, eck sitte inn'n Kessel!«

Die schwarzen Pfähle kamen näher. Überall stob der Schnee, prasselten die Schrote, flog der Dampf, knallten die Schüsse. Mümmelmann blieb in seinem Pott und überlegte. Rechts, nein, da ging es nicht, da knallten wenige Schüsse und immer einzeln, da standen gute Schützen. Links, da ging es bergab, das war auch schlecht. Aber geradeaus, da war ein Jäger, der schoß immer beinah beide Läufe auf einmal, und sein Nachbar, der fuchtelte immer erst lange hin und her, ehe er drückte.

Die Schritte kamen näher. Dicht neben Mümmelmann schlug Kunrad Flinkfoot ein Rad, sprang noch einige Todessprünge und färbte den Schnee rot. Weiter rechts machte Dorette Quappbuk ihr Testament, nicht weit davon Lieschen Hopsinskrut. Aber zwischen dem langen Schnellschießer und dem kurzen Fuchtelmeier passierten eben Jochen Pielsteert und Fritze Pattlöper heil die Schützenlinie, und da richtete sich der alte Hase steif auf, hoppelte in gerader Linie voran, gerade auf die Lücke zwischen den beiden Schützen zu, ganz langsam, bis er fast in Schußnähe war, witschte dann nach links, schlug einen Haken nach rechts, einen nach links, einen nach rechts, sah noch eben, wie zwei Gewehrläufe in der Luft herumfuhren, wie Schwänze von Kühen, um die die Bremsen sind, und dann gab er her, was er in sich hatte, fuhr durch die Lücke, schlug sieben Haken, hörte einen Knall, einen Schrei, einen Fluch, nähte aus, bis er nichts mehr hörte, und dann machte er ein Männchen und äugte zurück.

Das Jagdhorn erklang. Die Schüsse hörten auf. Die Jäger liefen nach einem Fleck, hoben etwas auf und gingen nach dem Dorfe. Und es war doch erst Mittag. Als sie alle weg waren, hoppelte Mümmelmann nach dem Kessel. Da lag Schweiß, hier wenig, Hasenschweiß, und da viel Menschenschweiß, und dem alten Hasen schwoll sein kleines Herz von befriedigter Rachsucht; nun wollte er gern sterben, er hatte sein Volk gerächt.

Nachts um zwölf Uhr, als der Vollmond klar am Himmel stand, kamen die Knubbendorfer Hasen auf dem Felde, wo der letzte Kessel gewesen war, zusammen. Mümmelmann rief sie alle der Reihe nach auf. Zweiundsechzig antworteten nicht, zwanzig waren entschuldigt, sie heilten ihre Wunden im Lager, sechzehn humpelten, sie waren leicht angekratzt. Und als sie alle zusammen waren, da hielt Natz Klewersitter eine Rede und sagte allen, wie Haanrich Mümmelmann ihm das Leben gerettet hatte, und alle zweihundert klopften dem guten Kameraden Beifall und rieben ihre Nase an seiner. Und dann machte Jochen Pielsteert ein Männchen und erzählte, daß der Alte vom großen Stein sie alle gerettet habe. Er, Jochen, habe gesehen, daß Mümmelmann durch seine Taktik den einen Jäger so dötsch gemacht habe, daß er seinen Nachbar schwer angeflickt habe. »Kommt mit, eck will ju dat wiesen!« so schloß er seine Rede.

Reinke Rotvoß, der oben an der Straße unter dem Winde herangeschnürt kam, blieb plötzlich stehen und seine Nüstern schnupperten wohlig, denn die Witterung von zweihundert

Hasen kitzelte sie. Aber dann setzte er sich plötzlich, denn eine wimmelnde, krimmelnde Masse kam über das mondlichte Schneefeld, Hase bei Hase, und jetzt hielten sie an.

So etwas hatte Reinke noch nicht erlebt, und er hatte viel mitgemacht. Als aber die zweihundert Hasen anfingen, mit den Hinterläufen zu klopfen und gespenstisch im Kreise herumzutanzen, da kriegte er es mit der Angst, er machte kehrt und gab Fersengeld, daß ihm die Standarte nur so flog. Als am anderen Tage der Jagdaufseher Nachsuche hielt, da fand er um den roten Fleck, wo der Assessor den Baurat laufkrank schoß, einen Kreis, festgestampft wie eine Tenne. Und er sah, daß das die Hasen gemacht hatten, und er schüttelte den Kopf und machte ein ganz verstörtes Gesicht.

Das war die Stelle, wo vorige Nacht die Knubbendorfer Hasensippe Mümmelmann, den Heldenhasen, nach Hasenweise geehrt hatte.

Jean de La Fontaine

Die Löffel des Hasen

Ein Hornvieh stieß mit ein paar Stößen
den Löwen wund. Der, voller Hitze,
gewillt, auf immer sich von der Gefahr zu lösen,
verbannte meilenweit von seinem Sitze
ein jedes hornbewehrte Tier.
Böcke und Widder trollten sich und Stier;
Damwild und Hirsche wechselten die Zone:
Der Wegzug ging aufs pünktlichste vonstatten.
Ein Hase nur sah seiner Löffel Schatten
und bangte, einer der Spione
deute als Hörner ihm die Ohren aus;
er stellte sie nicht auf, weil sie sonst Hörnern glichen.
Ade, Herr Grill, rief er, ich bin von hier entwichen!
Gewiß hält man für Hörner meine Ohren.
Wenn ich sie stutzte wie ein Strauß,
selbst dann, fürcht ich, wär ich verloren. –
Wie, Hörner, das? versetzt Herr Grill und lacht.
Das sind doch Löffel, die Gott selbst gemacht! –
Man wird sie aber doch für Hörner halten,
Hörner vom Einhorn, sagt das bange Tier.
Was nützte ein Protest? Mein Reden, meine Gründe hier?
Man schickte mich ins Narrenhaus zum Kümmelspalten.

Wilhelm Busch

Das Häschen

Das Häschen saß im Kohl
Und fraß und war ihm wohl.
Nicht weit auf einem Rasen
Geht ganz gemütlich grasen
Ein Lämmlein weiß und schön.

Da ist der böse Wolf gekommen
Und hat das Lämmlein mitgenommen;
Das Häslein hat's gesehn.

Das Häschen sprang und lief
Zum Bauer hin und rief:
»O weh, o weh!
He, Bauer, he!

Grad ist der böse Wolf gekommen
Und hat dein Lämmlein mitgenommen!«

Da nahm der Bauer Rüppel
Den dicken harten Knüppel,
Sprach: »Danke, lieber Hase!« –

Und schlug ihn auf die Nase.

Dann spricht er mit Gekicher:
»Mein Kohl ist sicher!«

Und wer noch fragt,
Was dies besagt,
Ist offenbar
So klug, als wie das Häschen war.

Friedrich von Hagedorn

Der ruhmredige Hase

Ein Rammler, den zu früh der Dünkel aufgeblasen,
hielt sich für einen hohen Geist.
Warum? Das Närrchen war gereist
und konnte freilich mehr als grasen.
Ihm sollte kaum ein Fuchs an Einsicht ähnlich sein,
und darum will er sich auch nur dem Hofe weihn.
Er wartet bald mit zierlichen Manieren
dem Löwen auf, macht Männchen, hüpft und spricht:
»Unüberwindlicher, von ungezählten Tieren,
die Sie so königlich regieren,
kennt keines, so wie ich, der Untertanen Pflicht
und der Monarchen Recht. In manchem fernen Lande
verband ich Artigkeit mit gründlichem Verstande.
Sie werden es schon sehn, weil Eurer Majestät
erhabner Weisheit nichts entgeht,
wenn andre Staaten nicht mich diesem Hofe gönnen,
Ach! so beklag' ich sie. Verdien' ich ihren Neid,
so soll, Großmächtigster, doch meine Fähigkeit
nur dero Winke sich stets untertänig nennen.
Ich bin zu jedem Dienst bereit
und werd' auch jedes Amt mit Ruhm bekleiden können.«
Der Löwe sprach: »Der Herr ist klug
und zum Versuche gut genug.
Wir machen ihn zum Rat. Uns soll er stets begleiten
mit allen seinen Fähigkeiten.
Wir ziehen morgen aus, den Tiger zu bestreiten.«
»Wie?« sagt der junge Herr. »Den Tiger? Den Barbar?

Den Fresser? Ach! Das bringt Gefahr.
Mich deucht, man sollt' ihn noch sondieren.
Ist er uns wirklich feind? Befindet das sich wahr,
so sende man, statt ihn zu attackieren,
die Affen ab, ihn zu zivilisieren.
Glückt dieses nicht, und will er Kriege führen,
so macht sich meine Kunst alsdann recht offenbar:
So will ich schon kapitulieren.«
Der Löwe brüllt erzürnt: »Ein solcher Rat entehrt
mich und mein Heldenreich und ist bestrafenswert.«
Der Hase legt es nun aufs Flehen.
»Ich«, ächzt er, »kann zwar fechten sehen
und lob' auch jede Heldentat;
allein die Wahrheit zu gestehen,
so dien' ich nur zum Friedensrat.«

Märchen aus Nigeria

Die Geschichte vom Hasen und von den Hyänenkindern

Eines Tages wurde der Hase krank. Als er wieder gesund geworden war, hatte er nichts zu fressen. Er schlich umher und gelangte schließlich zur Höhle der Hyäne. Darin lagen zehn Hyänenkinder. Er begrüßte sie mit »Salamu alaikum!« Sie wollten wissen, woher er käme, und er antwortete: »Von draußen, die Hyäne hat mich geboren!« Sie fragten ihn nach seinem Namen. Er sagte: »Mein Name ist Muduka!« Das bedeutet ›wir alle‹. Sie ließen ihn herein, und der Hase legte sich in die Nähe der Öffnung.

Als die Hyäne Fleisch brachte, fragte das größte Hyänenkind: »Mutter, wir alle?« – »Ja.« Da sprach der Hase: »Nun, ihr habt es gehört. Muduka, mir also soll das Fleisch gehören!« Sie gaben es ihm, und er aß alles auf, nicht das kleinste Stück überließ er den anderen. Da magerten die Hyänenkinder ab. Als die Hyäne wieder einmal von der Nahrungssuche zurückkehrte, forderte sie ihre Kinder auf: »Kommt heraus, meine Lieben, ich möchte Euch sehen.« Als sie die mageren Kleinen erblickte, erschrak sie: »Du liebe Güte, was ist mit euch geschehen, warum seid ihr so dünn?« Sie antworteten: »Wenn du Fleisch gebracht hast, hat es Muduka erhalten.« Die Hyänenmutter fragte: »Wer ist Muduka?« – »Er ist hier in der Höhle.« Sie rief: »Muduka, komm heraus, ich will dich sehen.« Da steckte der Hase seine Ohren zur Höhlenöffnung heraus und sagte: »Hier bin ich.« Aber die Hyäne packte den Hasen an den Ohren, und voller Zorn schleuderte sie ihn weg.

Der Hase lief und lief. Nach einer Weile traf er den Hund, und der fragte ihn: »Hase, woher kommst du, du bist ja so

dick!« – »Aus der Höhle der Hyäne.« Da bat der Hund: »Kannst du mich nicht hinbringen?« Der Hase beschrieb ihm den Weg und sagte: »Wenn du zur Höhle kommst, mußt du sagen, daß du Muduka heißt.« Unterwegs murmelte der Hund immer vor sich hin: »Muduka, Muduka«, damit er den Namen nicht vergaß. Aber als er in die Nähe der Höhle kam, wußte er trotzdem nicht mehr, welchen Namen ihm der Hase genannt hatte. Er blieb stehen und überlegte: ›War es Hamizga oder Muduka?‹ Dann ging er in die Höhle der Hyäne. Er begrüßte die Hyänenkinder: »Salamu alaikum.« Sie fragten: »Woher kommst du?« Er antwortete: »Ich wurde dort draußen geboren, und nun soll ich zusammen mit euch wohnen.« Die Hyänenkinder ließen ihn herein, und er blieb bei ihnen. Als die Hyäne Fleisch brachte und es in die Höhle warf, fragten die Kinder: »Mutter, sollen wir Hamizga Fleisch geben?« – »Wer ist Hamizga? Er soll sofort herauskommen!« Da kam der Hund heraus und blieb vor der Hyäne stehen. Diese packte ihn und sagte zu ihren Kindern: »Haltet ihn, ich will Holz holen und ein Feuer anzünden, um ihn euch zu braten.« Als sie gegangen war, befreite sich der Hund und schlug die Hyänenkinder. Dann lief er weg.

Er lief und lief, bis er dem Hasen begegnete. Den beschimpfte er: »Du Hase, was hast du mit mir gemacht! Du hast mich zur Hyäne geschickt, damit sie mich auffrißt! Warte, heute werde ich mich rächen und dich fressen!« Da lief der Hase davon, und der Hund hinter ihm her. Als der Hase der Hyäne begegnete, rief er ihr zu: »Hinter mir kommt etwas zu fressen für dich, fang es!« Da fing die Hyäne den Hund und brachte ihn ihren Kindern. Sie schlachteten ihn, und dann ruhten sie sich aus.

Alfred Brehm

Kolkraben auf Hasenjagd

Die Rolle, welche der Fuchs unter den Säugetieren spielt, sagt ein trefflicher Forscher, der Graf Wodzicki, ist unter den Vögeln dem Kolkraben zuerteilt. Er bekundet einen hohen Grad von List, Ausdauer und Vorsicht. Je nachdem er es braucht, jagt er allein oder nimmt sich Gehilfen. Einmal ging ich bei hohem Schnee mit einem Gefährten auf die Hasenjagd. Obgleich wir schon einige Male geschossen hatten, erblickten wir doch an einer Schlucht des gegenüberliegenden Berges zwei Raben. Der eine saß ruhig auf dem Rande und blickte hinunter, der andere, welcher etwas niedriger stand, langte mit dem Schnabel vorwärts und sprang behend zurück. Dies wiederholte er mehrere Male. Beide waren so eifrig beschäftigt, daß sie unser Kommen nicht zu bemerken schienen. Erst als wir uns bis auf einige Schritte genähert hatten, flogen die Räuber auf, setzten sich aber in einer Entfernung von wenigen hundert Schritten wieder nieder, wie es schien, in der Hoffnung, daß auch wir, wie sonst die Bauern, vorbeigehen würden, ohne ihnen Schaden zu tun. An der Stelle nun, wo wir sie beobachtet hatten, saß in der Schneewand, etwa 60 cm tief, ein großer alter Hase. Der eine Rabe hatte diesen von vorn angegriffen, um ihn zum Aufstehen zu zwingen, der andere hatte mit Schnabel und Krallen von oben ein Loch in die Schneewand gebohrt, augenscheinlich in der Absicht, den Hasen von oben herauszujagen. Dieser aber war so klug gewesen, sitzen zu bleiben, und hatte durch Brummen und Fauchen den Raben zurückgescheucht.

Ein andermal sah ich im Feld zwei Raben, welche in einer

Vertiefung beschäftigt waren. Als ich an die Stelle kam, lag dort ein Hase mit blutendem Kopf in den letzten Zügen. Ich folgte der Spur etwa zwanzig Schritte und fand hier sein Lager mit den deutlichen Anzeichen, daß die Raben ihn herausgetrieben hatten. Wie kurz war seine Flucht gewesen!

An einem Dezembertag sah ich drei Raben, zwei auf dem Boden, den dritten in der Luft. Ein Hase sprang auf und lief, was er laufen konnte. Die Raben verfolgten ihn laut krächzend und stießen, Raubvögeln vergleichbar, bis auf die Erde herab. Der Hase setzte sich einmal, lief darauf weiter, setzte sich zum zweiten Male und duckte sich endlich zu Boden. Sofort stürzte der eine Rabe sich auf das Opfer, schlug die Krallen in des Hasen Rücken und hieb auf dessen Kopf los. Der andere Rabe kam bald zu Hilfe, und der dritte traf Anstalten, der Beute den Bauch aufzubrechen. Obgleich ich schnell aus dem Schlitten sprang und eiligst auf den Hasen zulief, kam er doch nur halb lebendig in meine Hände.

Später einmal traf ich wiederum Raben an, welche bereits mit dem Säubern eines Hasengerippes beschäftigt waren. Ich ging der Hasenspur nach und gelangte in einer Entfernung von etwa 200 Schritt zum Lager, welches zweidrittel Meter tief unter dem Schnee und sehr merkwürdig angelegt war; denn ein unterirdischer Gang von etwa dritthalb Meter Länge, welcher sehr rein ausgetreten war, führte zu dem eigentlichen Lager und ein ähnlicher auf der entgegengesetzten Seite wieder ins Freie. Die Spur der Raben zeigte mir deutlich, daß sich der eine der Räuber in den Gang gewagt hatte, um den Hasen dem anderen zuzutreiben.

Gleich Jagdhunden folgen sie der Spur eines Hasen oft 15 bis 20 Schritt weit zu Fuß, ängstigen ihn durch Krächzen und Stoßen und bringen ihn dahin, daß er sich niederdrückt, schließlich die Besinnung verliert und ihnen dann leicht zur Beute wird.

Theodora Lau

Das vierte Mondzeichen

Chinesischer Name des Hasen: Tu
Vom Hasen regierte Stunden: 05.00–07.00 Uhr
Himmelsrichtung: Ost
Jahreszeit und Hauptmonat: Frühling/März
Parallele im westlichen Tierkreis: Fische
Festes Element: Holz
Stamm: Negativ

Die Mondjahre des Hasen im westlichen Kalender

Beginn	*Ende*	*Element*
29. Januar 1903	15. Februar 1904	Wasser
14. Februar 1915	2. Februar 1916	Holz
2. Februar 1927	22. Januar 1928	Feuer
19. Februar 1939	7. Februar 1940	Erde
6. Februar 1951	26. Januar 1952	Metall
25. Januar 1963	12. Januar 1964	Wasser
11. Februar 1975	30. Januar 1976	Holz
29. Januar 1987	16. Februar 1988	Feuer

Fällt Ihr Geburtsdatum auf den Tag vor Beginn des Mondjahres des Hasen, z. B. auf den 28. Januar 1903, so ist Ihr Zeichen das vorhergehende – der Tiger. Sollten Sie am Tag nach dem Ende des Jahres des Hasen geboren worden sein, dann ist Ihr Zeichen das darauffolgende – der Drache.

Das Jahr des Hasen

Ein mildes Jahr, hochwillkommen und auch nötig nach der tollen Herrschaft des Tigers. Wir sollten uns in eine stille Ecke zurückziehen, unsere Wunden lecken und uns von den Schlachten des vergangenen Jahres ausruhen.

Guter Geschmack und Stil überstrahlen alles, und die Menschheit wird einsehen, daß Argumente besser sind als Gewalt. Eine angenehme Zeit, in der Diplomatie, Entspannungspolitik und die Verbesserung der internationalen Beziehungen wieder in den Vordergrund treten. Man wird umsichtig handeln und ohne viel Widerstreben vernünftige Zugeständnisse machen.

Wir sollten aber aufpassen, daß wir nicht zu genußsüchtig werden. Der Einfluß des Hasen verhätschelt jene, denen zu viel an ihrem Wohlbefinden gelegen ist, und beeinträchtigt so ihre Effizienz und ihr Pflichtbewußtsein.

Die öffentliche Ordnung ist lax, auf die Einhaltung von Regeln und Vorschriften wird nicht strikt geachtet, denn niemand verspürt sonderliche Neigung, sich mit derlei unangenehmen Dingen zu befassen. Alles amüsiert sich, hat andere zu Gast oder läßt ganz einfach Gott einen guten Mann sein. Die Atmosphäre ist ruhig und gelassen, verkommt schon fast zur Schläfrigkeit. Unangenehme Aufgaben schiebt man mit Vorliebe auf die lange Bank.

Geld läßt sich verhältnismäßig mühelos verdienen. Unser Lebensstil wird gemächlich und träge sein, denn wir gönnen uns endlich einmal den Luxus, nach dem wir uns schon so lange gesehnt hatten. Ein gemäßigtes Jahr, frei von Hast. Zur Abwechslung hat es einmal den Anschein, als könnten wir ohne zu viele Unannehmlichkeiten sorglos und glücklich leben.

Die Persönlichkeit des Hasen

Wer im Jahr des Hasen zur Welt kam, hat das glücklichste der zwölf Tierzeichen. Der Hase ist das Symbol der Langlebigkeit und stammt, wie man in China glaubt, vom Mond.

Wenn ein Abendländer zum Mond aufschaut, wird er vielleicht mit einem Lächeln an einen großen Käse denken oder einem Kind die Geschichte vom Mann im Mond erzählen. Schaut ein Chinese zum Nachthimmel, so sieht er den Mondhasen neben einem Felsblock unter einem Zimtbaum stehen und das Lebenselixier in den Pfoten halten.

Zum chinesischen Herbstfest, wenn laut Volksweisheit der Mond am schönsten aussieht, tragen die Kinder Lampions in Form eines Hasen in die Hügel, um den Mond zu beobachten und den Hasen im Mond zu bewundern.

Der Hase versinnbildlicht Anmut, Anstand, guten Rat, Milde und Schönheitssinn. Mit seiner leisen Stimme und seiner eleganten, behenden Art verkörpert er alle wünschenswerten Eigenschaften eines erfolgreichen Diplomaten oder erfahrenen Politikers.

Auch ein unter diesem Zeichen geborener Mensch wird ein ruhiges, friedliches Leben genießen, dazu Frieden und eine ihm entsprechende Umgebung. Er ist zurückhaltend, kunstsinnig und besitzt eine gesunde Urteilsgabe. Seine Gründlichkeit kann auch einen guten Gelehrten aus ihm machen, der in Recht, Politik und Verwaltung exzelliert.

Allerdings neigt er auch zur Launenhaftigkeit; zu solchen Zeiten scheint er losgelöst von seiner Umgebung und seinen Mitmenschen gegenüber gleichgültig.

Bei geschäftlichen oder finanziellen Transaktionen hat der Hase eine äußerst glückliche Hand. Er ist ein gewiefter Taktiker, dem immer ein angemessener Vorschlag oder eine Alternative zu seinen Gunsten einfällt. Seine Geschäftstüchtigkeit,

gekoppelt mit seinem Verhandlungstalent, wird ihm in jeder Karriere einen raschen Aufstieg sichern.

Obwohl der Hase nach außen hin die Ansichten anderer mit Gleichgültigkeit quittiert, wirkt in Wirklichkeit Kritik vernichtend auf ihn. Seine Technik, lieber einen Haken zu schlagen, als sich im Kampf zu stellen, täuscht, denn er kann teuflisch gerissen sein, wenn es ernst wird. Der Hase ist bei seinen Lieben zwar zärtlich und gefällig, kann Außenstehenden gegenüber aber oberflächlich oder gar unbarmherzig sein. Dieser verbindliche und genußsüchtige Bursche ist sehr auf sein leibliches Wohlergehen bedacht und gibt seinen eigenen Wünschen den Vorrang. Es verdrießt ihn entsetzlich, wenn ihm jemand zur Last fällt, denn er ist selber ein rücksichtsvoller, bescheidener und bedachter Mensch, der solche Eigenschaften bei anderen auch gern sähe. Er glaubt ganz aufrichtig, daß es keinen Pfennig kostet, wenn man nett zueinander ist, und er wird immer um Höflichkeit bemüht sein, selbst seinem ärgsten Feind gegenüber. Raufereien und ungeschminkte Feindseligkeit sind ihm ein Graus. Trotz seiner stillen und irreführend zahmen Natur besitzt der Hase einen starken Willen und eine schon fast narzißtische Selbstsicherheit. Seine Ziele verfolgt er mit methodischer Präzision, aber immer unauf-

fällig. Dickfelligkeit oder Plumpheit kann man ihm ganz bestimmt nicht vorwerfen. Er schlägt keine Wellen. Der ganz besondere Charakterzug, der den Hasen zu einem so enorm geschickten Verhandlungskünstler macht, ist seine Unergründlichkeit. Es ist äußerst schwer, sich auch nur ein ungefähres Bild von seinen Gedanken zu machen.

Gewöhnlich sind die Manieren des Hasen tadellos. Grobe Worte nimmt er nur selten in den Mund und wird sich niemals ordinärer Ausdrücke bedienen, um etwas auf den Punkt zu bringen. Das wäre auch überflüssig, denn er hat eigene, wirksamere Techniken. Der Hase könnte sich unter dem Deckmantel seines Anstands verbergen, um Gegner langsam zu zermürben. Seine Referenzen sind meist erstklassig oder zumindest in Ordnung. Er wird Sie in die feinsten Lokale führen und auf alle Ihre Launen eingehen, wenn er hinter etwas her ist. Dann, wenn Sie sich satt gegessen haben und zufrieden eine teure Zigarre paffen, zieht er den Vertrag aus der Tasche, den Sie unterschreiben sollen. Ehe Sie wissen, wie Ihnen geschieht, hat er Ihren Widerstand gebrochen, und zwar so geschickt, daß es noch nicht einmal weh tat. Sie sind nur ein weiteres Opfer des unvergleichlichen Hasen.

Der Hase mag einem gelegentlich ein bißchen langsam oder zu bedacht vorkommen, aber das liegt an seiner angeborenen Vorsicht und Besonnenheit. Man kann sich darauf verlassen, daß er erst das Kleingedruckte liest, ehe er ein Dokument unterschreibt. Auf seine Fähigkeit, Menschen und Situationen korrekt einzuschätzen, kann sich der Hase etwas einbilden – was er auch tut, und nicht zu knapp.

Die sittsame Häsin kommt ihren Freunden sehr rücksichts- und verständnisvoll entgegen und ist daher am Arbeitsplatz, beim Einkaufsbummel oder einfach nur beim Schwatz gern gesehen. Sie ist so richtig lieb und witzig, und in ihrer Gesellschaft fühlt man sich immer entspannt. Für Dinge, die sie

gerne tut, bringt sie viel Energie auf und kann zum Beispiel unermüdlich in Antiquitätenläden kramen oder die Hochzeit einer Freundin bis zur kleinsten Einzelheit planen. Wenn sie aber findet, daß sie nun genug von dem ganzen Zauber hat, läßt sie einfach alles stehen und liegen, schwingt die zierlichen Füßchen auf die Tischplatte und schlafft ab. Hier sehen wir die philosophische Seite der Häsin. Wieso gelingt es ihr wohl, bei all dieser fieberhaften Aktivität so gelassen zu bleiben? Ihr Geheimnis ist, daß sie genau weiß, wann es an der Zeit ist, die Batterien wieder aufzuladen.

Während alle Welt hastet und sich abrackert, weiß die Häsin, daß morgen auch ein Tag ist. Wozu dann die Hetze? Komm, setz dich erst mal hin, wird sie sagen, Kaffeewasser aufstellen und Ihnen helfen, den verrückten Streß zu vergessen.

Sie können sich darauf verlassen, daß die Häsin in jeder Situation einen kühlen Kopf behält, sich die Nummer des Fluchtautos merkt oder noch weiß, daß der Fahrer beige Hosen und Halbschuhe mit hohen Absätzen trug.

Allgemein ist der Hase ein Lebenskünstler. Mehr noch, er läßt auch andere leben, ist weder ein Spielverderber noch ein ewig wachsamer Puritaner und weiß genau, wann er sich der Kritik zu enthalten hat. In der Öffentlichkeit stellt er nur ungern andere bloß und ist ein Künstler im Wahren des Gesichts – nicht nur seines eigenen, sondern auch das seiner Mitmenschen. Wenn es irgend geht, wird er Ihre Gefühle nicht verletzen.

Geben Sie sich aber keinen Illusionen hin – er merkt sich Ihre Fehler oder Erfolge sehr gut. Solange die Lage noch nicht hoffnungslos ist, wird er Ihnen gutherzig Ihren Lauf lassen. Wegen dieses Charakterzuges ist der Hase allgemein beliebt. Ein Vorteil dieser Lebensphilosophie ist, daß er sich nur wenige Feinde schafft und nur selten Ärger bekommt. Die Leute reagieren freundlich auf seine Großzügigkeit und lassen auch ihm seinen Lauf.

Niemand leiht Ihnen verständnisvoller sein Ohr als der Hase (abgesehen vom Schaf), sollten Sie Ihr Herz ausschütten wollen. Er ist zwar ein guter Tröster und verständnisvoller Zuhörer, wird aber nur die Rolle des passiven Ratgebers spielen. Vor allem anderen ist er Intellektueller, Realist und Pazifist. Erwarten Sie nicht, daß er mit fliegenden Fahnen für Sie ins Feld zieht. Das wäre zuviel verlangt. Er wird Ihnen Geld für den Anwalt leihen oder Ihre Kaution stellen, sofern er es sich leisten kann, aber das ist auch schon alles. Und wenn Sie ihm zu sehr zur Last fallen, schlägt er einen eleganten Haken und verschwindet aus Ihrem Leben.

Die ansehnliche und kultivierte junge Häsin heiratet lieber einen dicken, altmodischen Millionär als einen tollen, aber mittellosen Knaben, denn ersterer kann ihr die Vorteile und Luxusgüter bieten, die sie als selbstverständlich ansieht. Ihr Mann muß einflußreich genug sein, um sie zu beschützen und stilvoll auszuhalten, und dazu den Takt aufbringen können, sich höflich zu empfehlen, wenn sie mal wieder schlechte Laune hat und nicht gestört werden will.

Vor die Wahl gestellt, gibt der Hase grundsätzlich dem leichten und angenehmen Leben den Vorzug. Ob Mann oder Frau, Hasengeborene werden lose, bequeme Kleidung von vorzüglichem Schnitt und Material tragen, Kaschmirpullover, Blusen aus Naturseide, Solides aus Leinen und Tweed. Ein Nerz oder Chinchilla, auf berechnend nonchalante Weise lässig über die Schulter geworfen, verrät die Häsin. Grelle, geometrische oder provozierende Muster verletzen den Sinn des Hasen für Anpassung und Ausgleich.

So freundlich er im Umgang mit Freunden und Mitarbeitern ist, kann der Hase sich gegenüber seiner Familie ziemlich distanziert verhalten oder das häusliche Einerlei und die Pflich-

ten schlicht langweilig finden. Er oder sie haßt zu enge Bindungen und schüttelt Eindringlinge in die Privatsphäre oder schmarotzerhafte, aufdringliche Freunde ohne Bedauern ab. Wenn es um knifflige Streitpunkte geht, kann der Hase bürokratisch und ausweichend agieren. Da ihm bindende Verpflichtungen und übermäßiges Engagement zuwider sind, schiebt er auch mit Geschick den Schwarzen Peter anderen zu.

Herr Hase ist eindeutig ein Mann von Welt, charmant, elegant und vornehm, was ihn nicht daran hindert, Ihr Lob zu singen und zugleich Ihren besten Wein wegzutrinken. Jawohl, es zieht den Hasen zur Creme der Gesellschaft und zum feinen Müßiggang. Wenn man es recht bedenkt, könnten die Stützen der Society allesamt stilbewußte und joviale Hasen sein.

In seiner besten Erscheinungsform genießt der Hase wegen seiner Höflichkeit und Intelligenz Bewunderung und ist ob seines vernünftigen Rates gefragt. Schlimmstenfalls geht seine Phantasie mit ihm durch, er ist überempfindlich oder einfach

nur auf ätzende Weise gleichgültig. Leidenden oder trauernden Menschen geht er aus dem Weg, als hätten sie ansteckende Krankheiten.

In die Falle locken läßt sich der Hase nur schwer. Er legt so viel Wert auf Heimlichkeit und seine Privatsphäre, daß er manchmal zum Unterdrücker wird. Fühlt sich der Hase bedroht, so sucht sich seine versteckte Feindseligkeit in subversiven Taktiken ein Ventil.

Trotz aller seiner positiven Eigenschaften wird ein Mensch dieses Zeichens sich selbst stets über alles andere stellen. Treibt man ihn zu weit, wirft er alles oder jeden über Bord, der es wagt, seine ruhige Existenz zu stören. Seine Moralbegriffe sind gelegentlich elastisch, und er hat es gut heraus, nur sicherheitshalber auf beide Seiten zu setzen. Bei schwächeren Exemplaren dieses Typs könnte Sicherheit zur Zwangsvorstellung werden; in riskanten Gebieten läßt sich ein Hase nur selten antreffen.

Seine Vorliebe für Bequemlichkeit, gekoppelt mit seiner Konfliktscheu, mag ihm den Ruf eines opportunistischen, genußsüchtigen Schwächlings eintragen. Anders als Drache, Hund, Tiger oder Hahn, die hin und wieder nichts gegen eine herzhafte Rauferei haben oder sie gar genießen, findet der Hase keinen Gefallen an Gefechten. Zum Krieger ist er nicht geboren, sondern arbeitet wirksamer hinter den Kulissen. Sorgen Sie sich nicht um das Wohlergehen des Hasen. Er ist agil und scharfsinnig und hält sich mit gutem Gespür aus gefährlichen Situationen heraus. Andere Zeichen mögen für hehre Ideale eintreten, Hauptziel des Hasen ist die Selbsterhaltung.

Vom Jahr des Hasen sagt man, es bringe Frieden oder zumindest eine Atempause in Kriegen. Ebenso wird der Hasengeborene tun, was in seiner Macht steht, um wieder Harmonie herzustellen – oder sich schleunigst entfernen.

Hasen sind gute Unterhaltungskünstler und wunderbare

Gastgeber. Ihre Gesellschaft ist freundlich und angenehm, für jeden haben sie ein gutes Wort übrig. Lassen Sie sich aber nichts vormachen: Er weiß mehr, als er zugibt, und ist an seiner Raffinesse leicht zu erkennen. Er wird Ihr bester Freund sein, solange Sie sich hüten, zuviel von ihm zu verlangen.

Am besten verträgt sich der gepflegte Hase mit Menschen, die im Jahr des Schafes geboren wurden. Gemeinsam ist ihnen der gute Geschmack und eine Vorliebe für Komfort. Ebenso passend wäre eine Verbindung mit dem Hund oder dem aufrichtigen, bescheidenen Eber. Ratte, Drache, Affe, Büffel, Schlange und Hase sind als zweite Wahl noch recht annehmbar. Eitelkeit und Kritteln des Hahnes wird er jedoch nicht ertragen können, die Schauspielerei des Tigers läßt ihn kalt, und die temperamentvolle, quecksilbrige Art des Pferdes schätzt er nicht.

Zusammenfassend läßt sich sagen, daß der Hase über Hindernisse einfach hinwegsetzt und sich von Kalamitäten mit bemerkenswerter Elastizität wieder erholt. Ganz gleich, wie man ihn wirft, er fällt immer wieder auf die Füße.

Er mag sich seiner Familie nicht sehr verbunden fühlen, wird sich aber bemühen, ihr das Beste zu geben. Sein sanftes, verwundbar aussehendes Äußeres schützt ein Panzer aus Vorsicht und Scharfsinn. Im Leben wird der Hase Konflikte um jeden Preis meiden, es sei denn, sie betreffen ihn direkt – in diesem Fall wird er die zur Wahrung seiner Interessen notwendigen Maßnahmen treffen.

In der Brust des Hasen findet kein titanisches Ringen zwischen Gut und Böse statt. Er vertraut auf seine Überlebensfähigkeit, verläßt sich auf sein Urteil und lebt im Frieden mit sich selbst. Sein Zeichen verspricht wie kein anderes ein glückliches, zufriedenes Leben.

Der Hase und die anderen Zeichen

Verträglichkeitsliste

Ratte: Respektieren sich und haben gemeinsame Interessengebiete. Keine Konflikte, recht verträglich. Friedliche Zusammenarbeit.

Büffel: Wohlwollendes, annehmbares Verhältnis. Arbeiten Hand in Hand, wenngleich nicht uneingeschränkt. Beide haben Vorbehalte.

Tiger: Feindseligkeit, Mißverständnisse. Keine Kommunikation, mangelnde Vertrauensbasis. Sollten sich am besten meiden.

Hase: Gegenseitige Hilfe, keine Machtkämpfe. Kommunikation reißt nie ab. Arbeiten friedfertig zusammen.

Drache: Gemeinsame Interessengebiete. Zusammenprall der Persönlichkeiten möglich, aber es besteht Verständigungsbereitschaft.

Schlange: Akzeptable Beziehung. Tolerieren einander im Interesse des gemeinsamen Wohls. Starke Zuneigung und Bindungen fehlen.

Pferd: Animositäten, heftige Konflikte. Kommen nicht miteinander aus, haben kaum etwas gemeinsam.

Schaf: Eine der besten Verbindungen – sie mögen und verstehen sich. Viele Gemeinsamkeiten. Erfolgreiche, einträgliche Union.

Affe: Kleinliche Streitereien und Rivalitäten. Mäßige Beziehung. Tolerieren sich gerade noch. Uneingeschränktes Vertrauen fehlt.

Hahn: Bittere Konflikte und Meinungsverschiedenheiten. Sind sich noch nicht einmal über die Uhrzeit einig.

Hund: Höchst verträgliche Union. Tiefes Vertrauen und Verständnis. Finden Glück und Wohlstand.

Eber: Recht verträglich. Gemeinsame Interessen, wo es zählt. Gefühlsmäßig aufeinander eingespielt.

Bekannte Hasen

Metall
Henry Miller
Jomo Kenyatta
Feldmarschall Rommel

Wasser
Dr. Benjamin Spock
Karl May
Martin Luther
Konrad Lorenz

Holz
Orson Welles
David Rockefeller
Ingrid Bergman
Franz-Josef Strauß

Feuer
Fidel Castro
Harry Belafonte
Ludwig Ganghofer
Günter Graß

Erde
Albert Einstein
Joseph Stalin
Queen Victoria
Paul Klee
Karl Marx
Otto Hahn
Thomas Mann

Gibt Gott Häschen, so gibt er auch Gräschen

Der schlaue Hase

In einer Waldgegend wohnte ein großer Elefant, König einer Herde, mit dem Namen Caturdanta, ›Der mit vier Zähnen Bewaffnete‹. Da kam einst eine über viele Jahre dauernde Dürre, durch die sämtliche Pfützen, Teiche, Sümpfe und Seen austrockneten. Es sprachen nun alle Elefanten zu ihrem Elefantenkönig: »Majestät! Die jungen Elefanten leiden Durst; einige sind schon gestorben, und andere sind nahe daran. Darum laßt uns ein Wasserbecken suchen, damit sie durch einen Trunk Wasser wieder genesen können.«

Daraufhin wurden von ihm in alle Weltgegenden Läufer von feuriger Schnelligkeit entsandt, um Wasser zu suchen. Diejenigen, die nach Osten gegangen waren, fanden einen See namens Candrasaras, den ›Mondsee‹, der von Gänsen, Enten und anderen Wasservögeln bewohnt und von vielen Bäumen geziert war, die sich unter ihren Blüten und Früchten beugten. Nachdem sie mit ihrer Kunde zurückkamen, umringten sie ihren Herrn voller Freude, verbeugten sich und sagten: »Inmitten des östlichen Landes ist ein großer See, der vom Wasser des unterirdischen Ganges stets übervoll ist. Darum laß uns dahin ziehen!«

Nachdem so entschieden worden war, erreichten sie den See nach einem Marsch von fünf Nächten. Da badeten sie sich nun nach Lust in diesem Wasser und verließen es erst, als die Sonne unterging. In dem sehr weichen Boden rings um den See befanden sich aber unzählige Löcher von Hasen, und die wurden nahezu alle von den Elefanten, die überall herumschweiften, zerstört. Vielen Hasen wurden Beine, Kopf und

Hals zertreten; einige verloren ihr Leben, andere entgingen dem Tod nur mit knapper Not.

Nachdem sich die Elefantenherde daraufhin von diesem Platz entfernt hatte, kamen alle Hasen, deren Wohnungen von den Füßen der Elefanten zertrampelt worden waren, die einen verletzt und bluttriefend, die anderen mit ihren toten Kindern, mit tränenerfüllten Augen und voller Angst zusammen und pflogen Rat miteinander: »Ach! Ach! Wir sind verloren! Diese Elefantenherde wird immer wiederkommen, denn anderswo ist kein Wasser. Das wird für uns alle den Tod bedeuten. Denn man sagt:

Die Schlange tötet durch ihren Atem; der Elefant bringt alles um, was er berührt. Unter Lächeln tötet ein König, in ängstlicher Dreistheit der Bösewicht.

Laßt uns deshalb ein Mittel zur Abhilfe ausdenken.«

Daraufhin sagten einige: »Wir wollen das Land aufgeben und fortgehen. Denn es heißt:

Für die Familie verlasse den Einzelnen, für die Gemeinde die Familie, für das Land verlasse die Gemeinde, den Standort verlasse aber um deiner selber willen.«

Darauf erwiderten andere: »Ach! Dieser von unseren Ahnen ererbte Ort kann nicht so plötzlich aufgegeben werden. Darum müssen wir alle ein Abschreckungsmittel erfinden, damit die Elefanten, so Gott will, überhaupt nicht wiederkommen. Denn es heißt:

Eine Schlange, auch wenn sie kein Gift hat, erhebt dennoch hoch ihren geblähten Kopf: habe sie Gift oder auch kein Gift, die stolze Pracht ihres Helmes erregt Grauen.«

Da sagten wieder andere: »Für diesen Fall gibt es durchaus etwas, das als so großes Schreckmittel dienen kann, daß sie überhaupt nicht wiederkehren. Bei dieser Abschreckung kommt es aber auf einen Boten an, der den Elefanten weismacht, daß nämlich unser König, ein Hase mit Namen Vijaya-

datta, ›Der vom Todesgott Gegebene‹, in der Scheibe des Mondes wohnt. Darum möge ein der geschickten Verstellung fähiger Bote zu der Elefantenherde gesandt werden. Er muß ihnen sagen: ›Der Mond läßt dir verbieten, in diesen See zu gehen. Denn rings um diesen See wohnen meine Untertanen.‹ Wenn ihm dieses Gebot auf eine überzeugende und glaubhafte Weise vorgetragen wird, so hört er vielleicht auf unseren Sendboten.«

Darauf warfen andere ein: »Wenn dem so ist, so haben wir einen Hasen namens Lambakarna, ›Das Langohr‹, der ist beredter Zunge und weiß, was ein Gesandter zu tun hat. Den laßt uns an den See schicken! Wir wollen ihn aufsuchen, ob er unserer Absprache gemäß hingehen will.«

Da stimmten viele andere zu, daß es kein anderes Mittel gäbe, ihr Leben zu retten, und daß Lambakarna aufgesucht werden sollte.

Nachdem dies geschehen war, machte sich Lambakarna auf den Weg zu den Elefanten, und als er den obersten Gebieter der Elefanten, von einer nach Tausenden zählenden Heerschar umgeben, erblickt hatte, da er eben zu diesem Wasser gehen wollte, dachte er. ›Es ist nicht möglich, daß unsereins eine Zusammenkunft mit jenem habe. Denn es tötet der Elefant, was er berührt, wie man zu sagen pflegt. Deswegen muß ich mich auf alle Fälle auf einem uneinnehmbaren Platz vor ihm sehen lassen!‹

Nachdem er so überlegt hatte, stieg er auf einen sehr hohen, vom Elefanten nicht erreichbaren Baum und sprach dann zum König der Herde: »He! He! Du böser Elefant! Warum kommst du mit so unbedachtem Leichtsinn zu diesem fremden See? Kehre deshalb sofort um und gehe hin, wo du hergekommen bist!«

Als der Elefant diese mutige und respektlose Aufforderung gehört hatte, fragte er voller Verwunderung den kleinen Hasen: »He! Wer bist du überhaupt?« Jener antwortete unerschrocken: »Ich bin der Hase namens Vijayadatta, der in der Scheibe des Mondes wohnt. Ich bin vom erhabenen Mond zu dir als Bote gesandt worden. Du weißt hoffentlich, daß ein Gesandter, der in höherem Auftrag spricht, unverletzlich ist. Denn alle Könige bedienen sich für das, was ihr Mund sagen will, ihrer Gesandten. Denn es heißt:

Sogar mitten im Schwertergeklirr, wenn ringsum Freunde fallen, ist ein Gesandter unverletzlich, und spräche er auch harte Worte.

Ich spreche also zu dir auf Befehl des Mondes und frage dich: Wie in aller Welt kommen Geschöpfe dazu, ohne den Unterschied zwischen sich und anderen zu bedenken, anderen Lebewesen in einer so unbedachten Weise Unbill zuzufügen?«

Nachdem der Elefant den Hasen, der seine Rede auf eine Respekt und Glauben einflößende Weise vortrug, angehört hatte, sagte er: »He, Hase! So verkünde den Befehl des erhabenen Mondes, auf daß ich ihn rasch ausführe!«

Der Hase antwortete: »Du hast am gestrigen Tage dadurch, daß du mit deiner Herde hierherzogst, eine große Anzahl von Hasen getötet. Weißt du denn nicht, daß ich, weil sie meine Untertanen sind, in der Welt angstvoll ›Der einen Hasen zum Zeichen Führende‹ genannt werde? Wenn dir also dein Leben lieb ist, so darfst du selbst in deiner Not nicht wieder an diesen See zurückkehren. So lautet der Befehl. Wozu also viele Reden? Wenn du von diesem Treiben nicht ablässest, so wirst du schweres Leid von mir erfahren. Wenn du noch heute abziehst, so soll dir eine große Auszeichnung zuteil werden: durch mein Licht soll deines Körpers Kraft und Größe und die deines Gefolges zunehmen, und ihr sollt vergnügt und nach Belieben in diesem Wald umherstreifen. Anderenfalls aber halte ich meine Strahlen zurück, so daß du und dein Gefolge von der Sonne verzehrt werden und ihr zugrunde geht.«

Als der König der Elefanten das gehört hatte, überlegte er lange mit sehr bewegtem Herzen und erwiderte alsdann. »Lieber! Es ist wahr, daß ich mich gegen den erhabenen Mond vergangen habe. Ich werde mich jetzt nicht mehr widersetzen. Darum zeige mir rasch einen Weg, den ich einzuschlagen habe, um den erhabenen Mond zum Verzeihen zu bewegen.«

Der Hase sagte: »Komm ganz allein, indem ich ihn dir zeige.« Der Elefant sagte: »Wo befindet sich aber der erhabene Gebieter, der Mond?« Der Hase erwiderte: »Steht er hier nicht im See und ist gekommen, um die noch übriggebliebenen Hasen, die von deiner Herde in Schrecken versetzt worden sind, wieder aufzurichten? Mich dagegen hat er zu dir geschickt.«

Der Elefant sagte: »Wenn dem so ist, so zeige mir meinen Herrn, damit ich ihm meine Ehrfurcht erweise und dann anderswo hingehe!« Der Hase sprach: »Komm mit, du ganz allein, damit du eine Zusammenkunft mit ihm habest.«

Danach führte ihn der Hase hinweg, als die Nacht begann, stellte ihn an das Ufer des Sees, zeigte ihm die Scheibe des Mondes in der Mitte des Wassers und sagte zu ihm: »Hier steht unser Herr in der Mitte des Wassers, in tiefe Andacht versunken; verehre ihn demütig, und dann entferne dich schleu-

nigst! Wenn nicht, wird er wegen der Störung seiner Andacht von neuem in gewaltigen Zorn gegen dich geraten.«

Daraufhin streckte der Elefant seinen Rüssel ins Wasser und murmelte dabei ein stilles Gebet. Durch seinen gewaltigen Atem wurde aber das Wasser in Bewegung gesetzt, und die Mondscheibe zitterte im Widerschein des Sees, als ob sie auf einem schaukelnden Wagen säße: so erblickte er plötzlich Tausende von Monden. Da wandte sich Vijayadatta, auf das geschickteste den Erschrockenen spielend, ab und sprach zu dem Elefantenkönig: »Majestät! Unglück über Unglück! Du hast den Mond zweifach erzürnt!« jener fragte: »Aus welchem Grunde ist der erhabene Mond so gegen mich aufgebracht?« Vijayadatta antwortete: »Weil du das Wasser berührt hast.« Da legte der Elefant seine Ohren zusammen, erwies mit zur Erde gebeugtem Haupt dem erhabenen Monde seine Verehrung und bat ihn um Verzeihung. Alsdann sprach er wiederum zu Vijayadatta: »Lieber! Tue in meinem Namen alles dir nur Mögliche, auf daß sich der erhabene Mond gnädig gegen mich stimmen lasse; auch werde ich nicht wieder hierher zurückkommen.«

Darauf verbeugte sich der Elefant mit vor Furcht zitterndem Herzen und machte sich auf den Rückweg. Die Hasen aber lebten von diesem Tage an mit allem, was ihnen gehörte, vergnügt in ihren alten Behausungen. Daher sage ich:

Durch die Klugheit der Hochgesinnten wird das höchste Glück gewonnen: vermöge der Ratschläge eines Hasen lebt sein Geschlecht im Glück und außer Gefahr.

Mein Name ist Hase, ich weiß von nichts

Karl Alfred von Hase berichtet in UNSRE HAUSCHRONIK, Leipzig 1898, 261, von seinem Bruder Victor: »Ende des vorigen Semesters (1854/55) hatte er einem fremden Studenten einen Dienst erwiesen. Dieser hatte das Unglück gehabt, im Duell einen andern zu erschießen, war auf der Flucht nach Heidelberg gekommen, von wo er in Straßburg über die französische Grenze wollte. Dazu aber brauchte er einen Paß oder sonst ein Legitimationspapier. Dieser Student wandte sich an Victor um Zuflucht und Hilfe. Nun war jeder Mißbrauch der Studenten-Legitimationskarte streng verboten; aber des ließ sich nicht verbieten, die Karte zu verlieren. Victor verlor sie, jener fand sie, kam glücklich über die Grenze und ließ dann die Karte wieder fallen. Sie wurde gefunden und als verdächtig dem Universitätsgericht übersandt. Zur Untersuchung gezogen, äußerte sich der junge Jurist sofort: ›Mein Name ist Hase, ich verneine die Generalfragen, ich weiß von nichts.‹ Aus dieser Aussage, die damals in Heidelberg rasch bekannt wurde und bald die Runde durch deutsche Universitäten machte, ist mit Weglassung des juristischen Charakters die bekannte, unverständliche Redensart geworden:

»Mein Name ist Hase, ich weiß von nichts.«

Christian Morgenstern

Das Häslein

Unterm Schirme, tief im Tann,
hab ich heut gelegen,
durch die schweren Zweige rann
reicher Sommerregen.

Plötzlich rauscht das nasse Gras …
Stille! Nicht gemuckt! –
Mir zur Seite duckt
sich ein junger Has …

Dummes Häschen,
bist du blind?
Hat dein Näschen
keinen Wind?

Doch das Häschen, unbewegt,
nutzt, was ihm beschieden,
Ohren weit zurückgelegt,
Miene schlau zufrieden.

Ohne Atem lieg ich fast,
lass die Mücken sitzen.
Still besieht mein kleiner Gast
meine Stiefelspitzen …

Um uns beide – tropf, tropf, tropf,
traut eintönig Rauschen …

Auf dem Schirmdach – klopf, klopf, klopf,
und wir lauschen, lauschen …

Wunderwürzig kommt ein Duft
durch den Wald geflogen,
Häschen schnuckert in die Luft,
fühlt sich fortgezogen,

schiebt gemächlich rückwärts, macht
Männchen aller Ecken …
Herzlich hab ich aufgelacht:
ei, der wilde Schrecken!

Aus dem Magdeburger Äsop

Der unzufriedene Hase

Einst lag ein hochmütiger Hase verborgen im Gras und erhob voll Unmut heftige Vorwürfe gegen seinen Schöpfer, weil er ihn ohne Wehr und Waffen gegen die anderen Tiere erschaffen hatte. Als er so dalag, bat er schließlich Gott, er möge ihm doch ein Hirschgeweih auf den Kopf setzen. Es verdroß und erzümte ihn nämlich, daß er sich nicht einmal eines Hundes zu erwehren vermochte. Sein Schöpfer, des Haderns müde, gab ihm ein Hirschgeweih, das beiderseits sieben Enden hatte und ihm fest im Nacken haftete. Nun war er von Stolz erfüllt, hatte er doch ein Geweih wie ein Hirsch. Es war aber so gewaltig, daß es seinen Kopf niederdrückte und er nicht mehr in der Lage war, ihn in die Höhe zu heben. Gar sehr bereute er nun sein Hadern und seinen Übermut, und er wäre es gern wieder los gewesen, um auf seinen flinken Beinen ohne Wehr und Waffen fliehen zu können.

Ich meine, daß dies auf die törichten und ungebildeten Menschen zielt, die nach unerreichbarer herrscherlicher Macht streben und dadurch um alles Ansehen kommen. Sie kommen bald genug zu der Einsicht, lieber auf die herrscherliche Macht verzichten zu wollen, um wenigstens ihr Ansehen zu wahren.

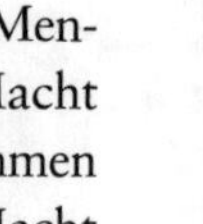

Kleines Hasen-Glossar

Ich dachte, es hätte mich ein Hase geleckt.
Ich meinte, mir wäre ein besonderes Glück zuteil geworden.

Wissen, wie der Hase läuft.
Gut Bescheid wissen.

Den Hasen laufen lassen.
Das Geld mit vollen Händen ausgeben.

Merken, wo der Hase liegt.
Den Kern der Sache erfassen.

Da liegt der Hase im Pfeffer.
Den Kern der Sache erfassen. Ursprünglich: Da sitzt der Unglückliche in der Patsche – nämlich der tote, bereits zubereitete Hase in einer Pfefferbrühe –, und ihm ist nicht mehr zu helfen.

Er ist ins Hasenfett getreten oder *damit begossen.*
oder *Er ist mit Hasenschrot geschossen.*
Er ist ein Narr.

Er hat kein Hasenfleisch gegessen.
Er ist nicht schön.

Mir ist ein Has über den Weg gelaufen.
Ich bin heute vom Pech verfolgt und überzeugt, daß mir nichts gelingen wird.

Daher auch: *Läuft ein Häslein übern Steg, fahren wir nen andern Weg.*

Er ist kein heuriger Hase oder *alter Hase mehr.*
erwachsener, erfahrener und kampferprobter Mensch

Hasenbrot
Butterbrot, das man unberührt von einer Reise oder vom Gang zur Arbeit wieder mit nach Hause bringt, wo man es den Kindern mit den Worten gibt, man habe es einem Hasen abgenommen. Hinzugefügt wird auch, man habe vorher *dem Hasen Salz auf den Schwanz gestreut*, wodurch er nicht mehr habe fliehen können.

Dem habe ich einen Hasen in die Küche gejagt.
Jemandem einen Gefallen getan haben.

Ich bin dem Hasen nachgelaufen.
Ich habe tüchtig gearbeitet.

Das ist doch keine Hasenjagd.
Das eilt nicht.

Den Hasenschlaf schlafen, d. h. mit offenen Augen.

Sich um den Hasenbalg – um Kleinigkeiten – *zanken.*

Arbeit und Schulden sind keine Hasen, sie laufen nicht davon, man kann sie auch später erledigen.

An einem entlegenen Ort *sagen sich die Hasen gute Nacht.*

Einen Hasen im Busen haben.
sich fürchten

Das Hasenpanier ergreifen.
davonlaufen

Hasenherz
Feigling

Hasenfuß oder *hasenfüßig*
ängstlicher Mensch

Quellennachweise

Endo Anaconda, Der Osterhas', erstmals erschienen in »Die Weltwoche« Nr. 13, 1. April 1999

Hans Christian Andersen, Die Schnelläufer, aus: ders. Sämtliche Märchen Bd. 2, Parkland Verlag 1976 © Verlag Neues Leben, Berlin

Jorge Carrera Andrade, Das rechte Leben aus: Rose aus Asche, übersetzt von Erwin Walter Palm, Suhrkamp Verlag Frankfurt am Main 1981 © Hilde Palm-Domin

Walter Benjamin, Der enthüllte Osterhase oder kleine Versteck-Lehre, aus: W. B. Gesammelte Schriften, Band IV, © Suhrkamp Verlag Frankfurt am Main 1972

Alfred Brehm, Kolkraben auf Hasenjagd, aus: Brehms schönste Tiergeschichten, bearbeitet von Theodor Etzel, Gustav Lübbe Verlag GmbH, Bergisch Gladbach 1978

Robert Burns, Der wunde Hase, übersetzt von Max Geilinger, aus: Englische Dichtung, Verlag Huber Frauenfeld 1945

Wilhelm Busch, Das Häschen *und* In einem Baumstamm, aus: ders. Die schönsten Bildgeschichten für die Jugend. Auswahl Gustav-Wolter von Klot, Südwest Verlags- und Vertriebs-GmbH, München 1960

Italo Calvino, Das giftige Kaninchen, aus: ders., Das giftige Kaninchen, Verlag Volk & Welt, Berlin 1964 © Carl Hanser Verlag GmbH & Co., München

Funny van Dannen, Vom Überleben, aus: ders., Am Wegesrand, © Karin Kramer Verlag, Berlin 1995

Wiglaf Droste, Ich schreite ein bei Hasenwitzen! oder: Ich bin ein toleranter Panther, aus: ders., Sieger sehen anders aus © Edition Nautilus, Hamburg 1996

Hans Magnus Enzenberger und **Irene Dische**, Esterhazy, Eine Hasengeschichte, aus: H. M. E., I. D. und Michael Sowa, Esterhazy. Eine Hasengeschichte © 1993 by Verlag Sauerländer, Aarau, Frankfurt am Main und Salzburg

Rudolf Franz, Der Wettlauf zwischen dem Hasen und dem Igel, aus: Die schönsten Märchen für die nationale Kinderwelt, bearbeitet im Sinne des Reichsverbandes gegen die Sozialdemokratie von Rudolf Franz, neu hrsg. von Brigitte und Dieter Emig, WWA-Verlag, Bremen 1984

Günter Bruno Fuchs, Der Schneehase, aus: ders., Gemütlich summt das Vaterland, © 1984 Carl Hanser Verlag GmbH & Co, München

Johann Gay, Der Hase und die vielen Freunde, aus: Der Tierkreis. Eine Anthologie hrsg. von Karl Soffel und Klabund, Erich Reiss Verlag, Berlin 1919

Friedrich von Hagedorn, Der ruhmredige Hase, aus: Deutsche Fabeln und Lieder der Aufklärung, hrsg. von Ingrid Sommer, Insel Verlag Frankfurt am Main 1976

Vom Hasen, der verheiratet gewesen war. Nordisches Volksmärchen, aus: Der Tierkreis. Eine Anthologie, hrsg. von Karl Soffel und Klabund, Erich Reiss Verlag, Berlin 1919

Die Geschichte vom Hasen und den Hyänenkindern und **Warum der Hase flieht**, aus: Osanyin überlistet die Schildkröte. Märchen aus Nigeria, übersetzt von Irmtraud Herms © Gustav Kiepenheuer Verlag GmbH, Leipzig 1984, 1992

Der Hasenfuß, aus: Kleine Bettlektüre für den wahren Tierfreund, ausgewählt von Rachel Gratzfeld, Scherz Verlag, Bern, München, Wien

Häsleins Klage, aus: Des Knaben Wunderhorn. Alte deutsche Lieder, gesammelt von Achim von Arnim und Clemens Brentano, hrsg. von Heinz Röllecke, Kohlhammer, Stuttgart/Berlin/Mainz, 1979

Eckhard Henscheid, Hase und Igel, aus: ders., Frau Killermann greift ein © 1985 by Haffmans Verlag AG Zürich

Gustav Hochstetter, Der Hase und die Katze, aus: Viecherfreuden, hrsg. von Otmar Riedel, Fackelträger Verlag, Hannover 1980

Dr. Heinrich Hoffmann, Die Geschichte vom wilden Jäger, aus: ders., Der Struwwelpeter oder lustige Geschichten und drollige Bilder, Insel Verlag Anton Kippenberg Leipzig

Erich Kästner, Der April, aus: ders., Die dreizehn Monate ©1955 Atrium Verlag, Zürich, und Thomas Kästner

Klabund, Auf ein Kaninchen, aus: Der Tierkreis. Eine Anthologie, hrsg. von Karl Soffel und Klabund, Erich Reiss Verlag, Berlin 1919

Jean de La Fontaine Der Kater, das Wiesel und der kleine Hase/Die Löffel des Hasen/Der Hase und die Frösche, aus: ders., Fabeln, hrsg. von Rolf Mayr, erschienen im Eugen Diederichs Verlag, Düsseldorf, Köln, München 1964

Theodora Lau, Das vierte Mondzeichen, aus: dies., Das große Buch der chinesischen Astrologie © Alle deutschsprachigen Rechte beim Scherz Verlag, Bern, München, Wien

Gotthold Ephraim Lessing, Der Löwe und der Hase, aus: G. E. L. Gesammelte Werke, 1. Band, Fabeln, Erstes Buch: Der Löwe und der Hase, Berlin 1954

Magnus Gottfried Lichtwer, Die Flinte und der Hase, aus: Deutsche Fabeln und Lieder der Aufklärung, hrsg. von Ingrid Sommer, Insel Verlag Frankfurt am Main 1976

Hermann Löns, Mümmelmann *und* Hasendämmerung, aus: ders. Mümmelmann. Ein Tierbuch, Adolf Sponholtz Verlag, Hannover, 1911

Der Löwe und der Hase und **Der schlaue Hase**, aus: Pancatantra. Die fünf Bücher indischer Lebensweisheit, herausgegeben von Aloys Greither, © C. H. Beck'sche Verlagsbuchhandlung, München 1986

Mein Name ist Hase, ich weiß von nichts, aus: Georg Büchmann, Geflügelte Worte. Der Zitatenschatz des deutschen Volkes, Verlag der Haude und Spenerschen Buchhandlung, Berlin 1925

Ernst Meister, Hasenwinter, aus: E. M. Ausgewählte Gedichte 1932–1979, Luchterhand Verlag GmbH & Co. KG Darmstadt und Neuwied 1979 © Rimbaudpresse Aachen

Henry Miller, Eine weiße Häsin mit langen Ohren*, aus: ders., Sexus, Rowohlt Taschenbuch Verlag 1980, mit freundlicher Genehmigung der Agence Hoffman, Paris & München

Gerhard von Minden, Die Hasen und die Frösche *und* Der unzufriedene Hase aus dem **Magdeburger Äsop**, aus: Der Fuchs und die Trauben. Deutsche Tierdichtung des Mittelalters © Rütten & Loening, Berlin GmbH 1973

Eduard Mörike, Auf ein Ei geschrieben, aus: E. M. Sämtliche Werke, Carl Hanser Verlag München 1958

Christian Morgenstern, Das Häslein, aus: Hasenfritz. Schöne alte Versgeschichten vom Hasen, ausgewählt von Erika Schröder, tabu verlag 1997

Pablo Neruda, Ode an das Kind mit dem Hasen, übersetzt von Erich Arendt, aus: P. N. Dichtungen © 1967 Hermann Luchterhand Verlag GmbH & Co. KG, Darmstadt und Neuwied. Alle Rechte vorbehalten: Luchterhand Literaturverlag GmbH, München

Elisabeth Plessen, Zwei Hasen jagen, aus: dies., Lady Spaghetti. Erzählungen, S. Fischer Verlag, Frankfurt am Main 1992 © by Elisabeth Plessen

Alfred Polgar, Der Hase, aus: A. P. Kleine Schriften © 1983 by Rowohlt Verlag GmbH, Reinbek 1983

Joachim Ringelnatz, Ostermärchen, aus: ders., Das Gesamtwerk in sieben Bänden, © 1994 by Diogenes Verlag AG Zürich

Alfons Schuhbeck, Das Spiel der Aphrodite, aus: ders., Liebesmenüs, Ehrenwirth Verlag, München 1994

Francis Stuart, Der weiße Hase*, übersetzt von Elisabeth Schnack, Auszug aus: ders., Der weiße Hase, © Pendo Verlag AG, Zürich 1989

Anton Tschechow, Zwei Hasen auf einmal jagen*, aus: ders., Ein Drama auf der Jagd, A. d. Russ. von Hartmut Herboth © Aufbau-Verlag Berlin, Weimar 1982

Kurt Tucholsky, Gespräch mit dem Osterhasen, aus: K. T. Texte 1920 © 1996 by Rowohlt Verlag GmbH, Reinbek

Kurt Tucholsky, Fröhliche Ostern, aus: K. T. Gesammelte Werke © 1960 by Rowohlt Verlag GmbH, Reinbek

Klaus Wagenbach, Hase oder Kaninchen* aus: Karnickel, Karnickel. Handbuch für das allgemeine Kaninchenwesen anläßlich hundertfacher Vermehrung der Taschenbücherei, hrsg. von Klaus Wagenbach, © 1983 Verlag Klaus Wagenbach, Berlin

Virginia Woolf, Lappin und Lapinova, aus: dies., Das Mal an der Wand. Gesammelte Kurzprosa. © 1985, 1989 by Quentin Bell

und Angelica Garnett. Deutsch von Claudia Wenner © S. Fischer Verlag GmbH, Frankfurt am Main, 1989

* Titel von der Herausgeberin

Bitte beachten Sie auch die folgenden Seiten